秘传内功太极修炼指南及
陈式太极拳83式

王行洪　著

人民体育出版社

图书在版编目（CIP）数据

秘传内功太极修炼指南及陈式太极拳83式 / 王行洪著. -- 北京 : 人民体育出版社, 2023
ISBN 978-7-5009-6170-3

Ⅰ. ①秘… Ⅱ. ①王… Ⅲ. ①陈式太极拳—套路(武术) Ⅳ. ①G852.111.9

中国版本图书馆CIP数据核字(2022)第076501号

*
人民体育出版社出版发行
北京新华印刷有限公司印刷
新　华　书　店　经　销
*
880×1230　32 开本　8.375 印张　213 千字
2023 年 5 月第 1 版　　2023 年 5 月第 1 次印刷
印数：1—3,000 册
*
ISBN 978-7-5009-6170-3
定价：49.00 元

社址：北京市东城区体育馆路 8 号（天坛公园东门）
电话：67151482（发行部）　　邮编：100061
传真：67151483　　邮购：67118491
网址：www.psphpress.com
（购买本社图书，如遇有缺损页可与邮购部联系）

与原中国武术协会副主席吴彬合影

与冯志强先生合影

冯志强先生传授推手

与原中国武术协会副主席张山院长合影

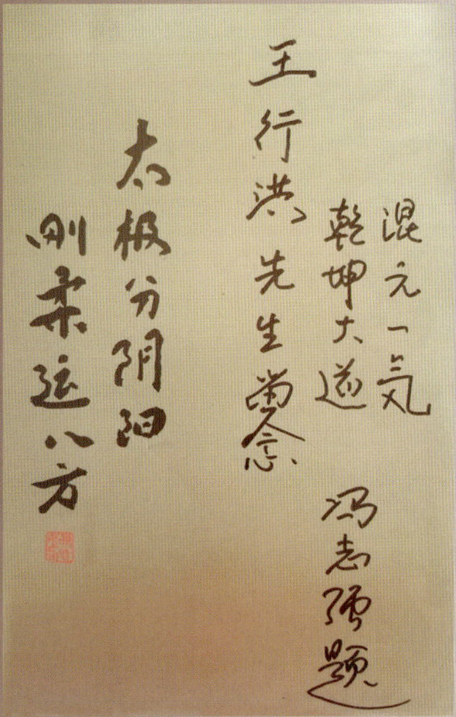

冯志强先生题词

与世界散打冠军黄磊交流

双肘前击世界纪录证书

单肘前击世界纪录证书

九段大师证书

九段证书

世界著名武术家证书

世界著名武术家证书

推手表演

《少林与太极》杂志封面人物　入选2020年《中国武术家风采》日历

入选《中国当代武林精英大典》

武林百杰证书

武林名家证书

作品登记证书

No. 01001160

登 记 号：国作登字-2020-F-01001160

作品名称：国际武术协会段位标识　　作品类别：美术作品

作　　者：国际武术协会　　著作权人：国际武术协会

创作完成日期：2019年10月02日　　首次发表日期：2019年10月03日

以上事项，有国际武术协会申请，经中国版权保护中心审核，根据《作品自愿登记试行办法》规定，予以登记。

登记日期：2020年03月16日　　登记机构签章

中华人民共和国国家版权局
作品自愿登记
专用章

中华人民共和国国家版权局统一监制

国际武术协会段位标识证书

作品登记证书

No. 01001159

登 记 号：国作登字-2020-F-01001159

作品名称：國際武術協會(INTERNATIONAL WU SHU ASSOCIATION)　作品类别：美术作品

作　　者：国际武术协会　著作权人：国际武术协会

创作完成日期：2019年09月02日　首次发表日期：2019年09月03日

以上事项，有国际武术协会申请，经中国版权保护中心审核，根据《作品自愿登记试行办法》规定，予以登记。

登记日期：2020年03月16日　登记机构签章

中华人民共和国国家版权局统一监制

国际武术协会logo证书

王行洪

作者简介

王行洪，1974年5月生于辽宁辽阳，祖籍山东，当代著名武术家，中国武术协会八段，世界武术冠军，中国发明协会会员，天津大学双学士，中央党校研究生。现任国际武术协会常务副主席。

王行洪现任世界文化艺术联合会会务顾问，曾历任北京武协陈式太极拳研究会副会长、常务副会长。2015年8月被《少林与太极》杂志列为封面人物。2018年获得“武林名家”“武林百杰”称号， 作为武学名家入选《中国当代武林精英大典》。2019年被世界著名武术家评审委员会评为“世界著名武术家”。2019年被世界武术搏击联盟授予“九段”证书。入选2020年《中国武术家风采》日历，获“中国武术家”称号。

王行洪精通形意拳、太极拳等。曾获永年广府国际太极拳年会拳术、剑术冠军，北京国际武术节太极拳术、剑术冠军，香港国际武术比赛拳术、剑术等多项冠军。自幼习武，有数十年练拳教拳历史。形意拳老师为崔同义、李晓庚。陈式太极老师为谢志根，杨式太极老师为张金恒。曾获冯志强先生亲传混元太极，在内功及推手方面颇得其真传。理论与实践并重，著述颇丰。2018年提出太极拳“活膝”理论，完善了太极拳的整体修炼体系。多篇文章在《中华武术》《少林与太极》《武当》等国家级、省级杂志及网络媒体发表。其武功造诣不仅在传统武术界获得公认，也得到搏击武术界多位世界冠军的充分认可。经深厚的内功修炼，速度达到惊人的一秒内可双拳直臂前击十次，双肘前击十次。在2019年经世界纪录认证机构切尼斯工作室认定，创造两项武术速度方面的世界纪录。分别为，在相应的限制条件内，一秒内单肘前击7次和一秒内双肘前击10次，成为世界上肘击速度最快的人。该世界纪录在业内获得认可，并得到国家级报纸刊物的报道。值得一提的是，创造这些纪录并没有经过专门训练，而是基于多年的内功修炼，直接尝试就创造出来的。这也体现了如果练出了内功，就会自然获得超人的速度和能力，说明了内功的重要性和其强大的实际效果。

王行洪崇尚武德，尊师重道，热心武术普及传播，教拳近30年，传授中外学生上千人。在国际国内武术界具有广泛的影响力和知名度。

王行洪擅长机械技术，已申请或拥有多项发明或实用新型专利。其中，旋转切割式料理机的专利，就是利用太极的弧线圆形运动原理，将直线运动的擦丝器改为圆形运动，从而巧妙地获得了切丝安全和效率兼顾的解决方案。此外，工作之余，他还成功构思了安全防刺包、老年人防摔服和家用小件搓洗机等，具有巧妙实用的创意和极好的市场应用前景。

目 录

第一章　秘传内功太极修炼指南

第一节　浅论内功及内功太极

太极拳作为当今社会流传甚广的一项武术运动，大致可以分为两类，一类称为太极操，一类称为内功太极。所谓太极操，就是在打拳的时候，只关注拳术套路动作，不注重内功的训练。其作用和普通的广播体操或者广场舞类似，可作为健身的方法，能够起到一定的健身和保健作用。

而内功太极，就是在练太极拳的时候，不仅要注重套路动作，同时注重技击实用，更注重内功的修炼。

大家都知道，太极拳是内家拳。所谓内家拳，顾名思义，就是不仅具有肢体的外在表现，还应有内在功夫，也就是内功。

那么，具体什么叫作内功呢？如何给内功进行定义呢？

关于内功的定义，有很多不同的说法。有的说法比较有道理，有的说法则不怎么正确，属于以讹传讹。

笔者认为，练习太极拳，想要练出内功，必须具备以下要素：

第一，修炼内功的太极拳，必须在做动作的同时，配合好呼吸。人的一呼一吸，是每时每刻必须完成的动作。而在练拳的时候，也是做武术动作，为了达到整体运动效果，需要把武术动作与呼吸动作融为一体。不仅如此，为了使武术动作发挥最佳效果，还需要对人本身的自然呼吸动作进行改造，由原来的胸式呼吸或者腹式呼吸改为逆腹式呼吸来适应武术运动的需要，以达到武术动作与呼吸动作的高度和谐统一。

第二，修炼内功的太极拳，必须是完成四肢动作的同时，配合躯干的细微动作。如发劲或者化劲时，不仅要做到肩与胯合、膝与肘合、手与脚合这所谓的外三合，还要在胸、腹、腰等全身各个部位都做到细微的动作配合。也就是说，外三合是很重要的，但如果仅仅做好了外三合，那是远远不够的。很多人都知道，前辈李经梧老师在秦皇岛传拳讲解动作细节的时候，习惯让学生弟子抱住，以便能够亲身感知其胸、腹、背、腰等部位的细微动作变化。李老师之所以这样做，一方面是因为传统武术口口相传，适度保密的需要，另一方面也是因为这些细微的动作很复杂，用语言和文字描述起来很麻烦，用身体来感知反而会快速有效、简单明了。

第三，修炼内功的太极拳，必须在做动作的同时，身体各部分都充分放松，体内劲力传递是通畅无阻碍的。如果练拳时身体僵紧，习练者是不可能练出内功的。只有通过放松练习，才能释放身体的能量，减少和消除体内能量的自我束缚和肢体内部正反力量的自我抵消，使身体所具有的本真力量从内至外真正活起来，才能在应用的时候释放出巨大的能量。

第四，修炼内功的太极拳，必须在身体做动作的时候，配合相适应的意念。练拳并非仅仅是肢体肌肉收紧放松而形成的动作，而是身心系统整体协同工作而产生的运动。为了发挥身体的最佳机能，习练者必须利用思想意念的活动，来开发肉体的运动潜力，以获得身体运动的高级状态。如练太极拳都讲究肢体的放松，而肢体的放松，不借助思想意念的引导，是很难取得很好效果的。可以说，意念是拳术动作的灵魂，没有意念指导的拳术动作，就是没有灵魂的肉体简单动作，是不可能提升境界的，更不可能获得内功。

第五，修炼内功的太极拳，必须是习练者通过练习，获得了内功真实的感觉的。不管是练武术还是练气功的人，都会通过训练获得所谓的气感。常见的气感包括肢体局部有发痒、发麻、发热、放电、跳动、透明等感觉，这些所谓的气感是自然产生的，不该去刻意追求。但这些自然产生的气感，是练拳练出内功后的一个伴生现象，也是修炼内功的验证参考条件之一。这里需要指出，由于每个人先天体质条件不同，个人感觉的种类和程度也并不完全相同。有的人可能并没有很强烈的特殊感觉，只是觉得很通畅、很舒服，就练出了很好的内功，这样也没有问题，也是真内功的一种感觉。

第六，修炼内功的太极拳，必须是习练者通过练习，在身体的微观层面有所改善和体现的。在这方面，最明显的特征就是其身体微循环的改善。同时，也体现在身体从更微观层面的生物学和生物化学方面的能力提升。也就是说，修炼内功的人，其气血一定是更通畅的，身体的免疫力也是更强的，其身体自我修复能力也会更强。所以，从健身养生角度来说，修炼内功的人应该会获得更好的健康状况。这里，没有说“必须”，而是说“应该”，这是因为，武术毕竟是武术，是要通过训练开发身体的潜能，拓展身体极限的。在此过程中，如果练得太过刻苦，对身体也是有损害的。如果习练者对武功的追求太过，虽然可以练出高级的内功，但同时也可能会损害了身体。所以，可以这样说，习练者如果练出了内功，同时没有过度追求技击，保持了适度原则，把内功更多地用在养生保健方面，那么，是一定可以获得相对更好的健康效果的。另外，这里也没有说，有内功的人就一定会具有更长的寿命，之所以如此，并不是说太极拳内功对寿命的延长没有效果，而是因为人的寿命长短是由遗传、环境、心理、饮食、生活习惯等多因素综合造成的，练武术只是因素之一。而且，如刚才所说的道理类似，习练者如果对技击太过追求，即使有内功，也会因为练得过于刻苦，而导致身体健康的损害，从而减短寿命。所以也可以说，只要把握适度科学的原则，内功是可以帮助实现延年益寿的目的的。

第七，修炼内功的太极拳，一定是有武术技击实际效果的。也就是说，必须是获得了明显更优的速度、整体爆发力、灵活性和身体的协调性等。这些实际效果，对于内功来说，属于必要非充分条件。例如，如果一个人练出了内功，一定是速度很快的。但一个人速度很快，却不一定是有内功的。那么，哪些效果对于内功可以说是充分必要条件呢？对于太极拳来说，寸劲是内功的充分必要条件。也就是说，如果练出了很好的寸劲，就可以认为是有内功了。而有内功的人，也一定是具备了发放寸劲的能力的。因为寸劲要在很短距离或者零距离内发力，是必须依靠内功来完成发力的。另外，如果习练者练出了很好的化劲，也一定是有内功的。因为化劲是靠身体由内到外、从精神到肉体整体的细微协调才能具备的。说到这里总结一下，前面几条关于内功的讨论是从过程来考量的，这一条，是从结果来考量的。如果一个人说自己练拳有内功，呼吸配合得也很好，身体的细微动作也很完美，松得也很好，意念配合也没问题，但从实效上看，速度也不快，反应也不敏捷，力量也小，爆发力也不行，那怎么能说他是有内功的呢？内功的意义何在？毕竟太极拳是武术，而不是纯粹的气功。内功不仅是一种自我感觉，还要看其实际效果及在应用的时候获得实际的效用，这才是真的内功。

综上所述，具备呼吸配合、动作精微、充分放松、意念指导、气机敏感、气血通畅、武功高强这7条，就可以说是具备了太极拳的内功。而具备了这7条的太极拳，也就可以称为内功太极。本书抛砖引玉，旨在为读者练好内功太极提供引导，希望可以对广大武术爱好者起到一定的帮助作用。

第二节　秘传内功太极修炼步骤

习练太极拳，如果只是为了活动活动身体，不追求内功，浅尝辄止，那就无所谓严格的修炼步骤，简单适度随意就好，没有什么问题。但如果是为了修炼内功，得太极大道，也就是说，为了练好有内功的太极拳（内功太极），则必需的条件及相应的步骤缺一不可。

具体修炼步骤包括爱道、至诚、敬师、读书、访友、循规、真练、悟证、得意、贯通、无我、自然、天人合一。

一、爱道

太极大道，玄极深奥。若隐若现，若存若亡，却又朴实无华，实实在在，不离须臾。不可测却可知。不可强求却又可不求而得。求道之路，异常纷杂繁复，易迷难明，却又极其简单易行。如何求之？务须敬之，尤应喜之爱之。古人云，朝闻道夕死可矣。言其可贵也。今人讲，兴趣是最好的老师。真心喜欢才能得到。一言以蔽之，今，不强调敬道，强调爱道。

一旦说到敬，就容易使人产生敬而远之的感觉，因为敬是有距离感的。当然，敬道是对的，太极大道那么玄妙宏大美妙，可以给人带来无穷的好处，全身心崇拜尊敬太极大道是对的，是应该的，但不应该有距离感，应该与其合而为一，故言喜道、亲道、爱道，以己之身作为太极的载体，笃信之、学习之、勤练之、践行之，太极即我，我即太极。

所以，如果想要练好太极拳，练好太极拳内功，喜欢太极拳是最重要的。

学拳者，由兴趣而起，在习练的过程中，进一步培养兴趣、体会学拳练拳的乐趣，就更容易不断进步，持续提高，继而练成太极拳内功，练出真功夫。在武术圈，经常会听到有人问某人练拳多久了？或答曰，有几十年了。人们就会说：哇，好有毅力！然则，非也。习拳年久，并非毅力。虽说其中确有一定毅力的因素，尤其是在学拳练拳的初期，是需要用毅力来坚持习练的。但练拳甚久，主要并不是靠毅力，因为，做苦事、累事、烦事，才是靠毅力来勉强坚持，如果做自己喜欢的事，就不是靠毅力。因为有兴趣，可以从中获得巨大的快乐，这种状态才是学练太极拳应该有的状态。所以，练拳要勤学，不要苦练，尽量不要过力练伤了，要侧重体会乐趣，从喜欢的角度来看待太极拳，身体要舒适、精神要愉快，进入适度疲劳并迅速恢复的良性循环，是极其重要的。

二、至诚

太极大道，童叟无欺，练一分功，涨一分功，一分付出，一分收获，日夜揣摩，勤学久练，方能成功，潜心练功，用心钻研，必有所得。

倘若三心二意，离心分神，应付了事，不懂装懂，虚假自尊，怕丢面子，装腔作势，空谈自误，虚妄不实，不肯付出，推三阻四，借口成山，又或前怕狼后怕虎，怕技不如人，怕慢学后进，如此顾虑重重，必定难成真功。

有学者，不寻真师，不求真言；或已遇真师，不听真言；或但听真言，不肯笃行；此皆过也。至诚之道，举头三尺有神明，假做真做，自有神知。故学者务须用意专心，身体力行，则我若不欺功，功定不欺我。至诚用功，日积月累，必可成功。

至诚之人，必是谦谦君子。每日用功，必有每日所得，但未必每日显现。积之既久，必定有所得，亦必有所显现。既有所得，仍应虚怀若谷，应知人外有人，天外有天，武功再高，没有天下第一，进步再大，仍有不足之处。君子遇人，不论前辈老师，同学好友，或是学徒后生，必先敬之。寸有所长，尺有所短。有才亦不可傲人，功高则更应持敬。轻慢之心一生，再难进步；凭功自傲之人，大道殊途。

要言之：

惟至诚，则无假妄之心，而真。

惟至诚，则无恐惧之心，而勇。

惟至诚，则无轻慢之心，而敬。

惟至诚，则无自傲之心，而谦。

惟至诚，则无旁骛之心，而专。

三、敬师

太极拳虽为近代才普及传播的，但其中之道理已经过数千年的传承发展，是中华民族从古至今无数先贤大师一代一代传承至今的，并不是一个人的功劳。而且，每位老师、大师、高手，不论他获得多大的成就，内功多么高强高超，也都是站在巨人的肩膀上，汲取了无数前辈的优秀之处才获得成就的。所以，如果没有古人智慧的积累，没有老师们的传授教育和指导，就不会有个人的成功。因此，尊敬自己的老师，是为学、为徒、为人的必要原则，更是日后为人师表，继续传承武术给自己的学生弟子的必然要求。

说到底，传统武术的传授、内功的传承，基本上不是纯粹的商业行为，而是基于武德、传统和良心的一种传播行为。所以，如果学生越真心尊重爱护自己的老师，自己的老师就会愿意将其内功心法倾囊相授。如果学生不尊重老师，那么老师多讲一句话也可，少讲一句话也行，学生就很难学到真东西。

尊敬老师，并不只是说要对老师有礼貌，更主要的是，学生要在内心中虔诚地把老师放在重要的位置上，尊重老师说的话，根据老师的言传身教来恪守武德，按老师的要求来学拳练拳，用自己的实际行动来努力达到老师的要求，不辜负老师的期望。

关于尊敬老师，《易经》云："匪我求童蒙，童蒙求我。"就是说，在教与学的过程中，需要学生抱着虚心、渴求的心态求学于老师，才能让知识得以有效传播。抛开教师的尊严和地位不提，只是从教学的效率来讲，必须是学生真诚求学于老师，有强烈的求知欲和渴求心，才能从老师那里学到知识。如果学生没有多大兴趣，只是老师千方百计地想教想传授，学生是学不会的。武术圈有个说法叫"练武是不传辈的"。意思是，有的武功特别好的大师，他的孩子们却并没有练到像父辈那样的武功，或者有的根本就没有练武，而去从事别的行当。其原因很可能是很多武术大师的孩子，对武术没什么兴趣，没有很强的求知欲，不怎么想学练武术。即使父辈就是武功大师，即使父辈会毫无保留地将高级内功心法教授于他，但他仍然学不会，练不好，甚至不想学。所以，如果童蒙（学生）不想求学于老师，老师再努力教学也是没用的。

关于敬师，还要知道，三人行，必有我师。作为学生，作为一个武术人，我们除了要尊敬自己拜师的老师外，对其他老师也要尊重。一方面是为了体现良好的武德，是武术人基本素质的体现。另一方面，也是因为，一个谦谦君子会处处得到人们的尊重和喜欢，会得到各位老师的认可。如此，别人就会愿意把自己的知识分享出来，别人不经意间分享的一句话，很可能会对自己有帮助，这样的例子屡见不鲜。

关于敬师，这里要说的最后一个因素，但也是极其重要的因素，就是心理上的因素，因为人都是有良心的，习武之人更是如此，所以，如果学生从老师那里学到了东西，但自己却不尊重这个老师，或者不真心感谢这位老师，他也就没办法把这位老师教的东西练出来。退一步讲，万一他真的把这位老师教的东西练出来了，但是不尊重教他的老师，不抱感恩之心，不用实际行动来感谢老师，那么他不仅不会从练出来的内功中受益，反而会受其所害。宇宙大道，真理灼灼，其不信乎。

四、读书（参古籍）

学拳练拳，修炼武功，是需要读书的，是需要从书中学习知识的，这是每个人都知道的道理。一般人们所说的书，基本上指的是武术方面的书，主要包括武术的经典理论（拳经）及其详细解释和阐述、武术的套路（拳谱）、武术的实用用法，或者关于武术圈高手们的事迹等，读这些书确实是必要的。

但我在这里侧重讲的是另外一个意思，那就是为了练好传统武术，修炼太极内功，还需要重视一个特别有价值的老师群体，那就是古圣先贤们。中华传统武术深深根植于中华传统文化，拳理与古代先贤大哲们的思想是相通的，与各思想流派和宗教也都有很多关联和相合之处。

但古圣先贤们已经不在了，现在无法向他们亲身学习，那怎么办？没关系，他们的著述流传于世，读他们的书，就是向他们学习。因此，参读圣贤书就是修习传统武术、修炼武术内功的一个必要手段和有力帮助。

具体哪些古籍对太极拳的修炼帮助最大呢？首先，答案是许多古籍对太极拳内功的修炼帮助都是很大的。仅就我个人的体会，其中至少包括《易经》《老子》《庄子》《鬼谷子》《黄帝阴符经》《金刚经》《孙子兵法》等。当然，除了提到的这些书籍，还有很多古籍也是极好的，这里不一一赘述了。这些书貌似与练习武术内功关系不大，因为很多书里面并没有专门讲关于武术的内容，实则不然，因为武术的习练，尤其是内功的修炼，不仅是肢体动作的训练，实际上，武术是人整个身心的系统修炼。所以，参读这些古书，并且从中汲取营养，对人的心理、思维和思辨哲学的提升效果特别好，所以，对于武术的习练提升，对于内功的修炼好处也是特别大的，甚至可以说是必需的。

那么，参读这些古籍，只是读读就可以吗？有什么具体的方法吗？

笔者的体会，读古书有两种读法，一曰明理，一曰得意。对于练习传统武术，修炼武术内功来说，这两种方法都是必需的。

什么叫明理？明理的意思应该是比较显然的，就是明白书中所讲道理的意思。

举个例子，太极拳理论中有一句很好的话，叫“气以直养而无害，劲以曲蓄而有余”，这句话中的“气以直养而无害”就是《孟子》所言的“我善养吾浩然之气”“其为气也，至大至刚，以直养而无害，则塞于天地之间”。孟子所言本意，其实并不是为了讨论武术的练习，而是关于政治管理，但这句话却与行拳练功的道理相通。在练拳练功的过程中，随着功力的增长，习练者也会感到体内真气的发展壮大。就是说，随着练拳的进步，人会逐渐感到自己体内的气血变得更加充足了，虽然每个人的感受会有所不同，但大致如此。真气就是能量，能量具有动力，动力需要得到良好的控制。如果能量及其动力得到很好的控制，会使人的身体更加健康，精力更加充沛，身体更加灵活协调、更加机敏，速度、力量和爆发力也都会得到提升。在这种情况下，真气的增长只有好处，没有坏处。但如果对能量的控制运用不当，也会产生破坏性。如有的习练者有时会遇到虚火上升、心烦气躁等负面异常状况，这些异常状况对身体的损害是很大的。

那么，如何让日渐增长的功力对自己有所帮助而不会损害到自己是非常重要的。所以，圣人孟子所言，就正好切中了其中的道理。

根据孟子的论述，对于气，首先是要养，所谓“养”，就是顺应自然规律，要呵护好真元一气，给真气创造好的环境，给予真气营养，让真气自然发展壮大。不可勉强用功，强行开发增长真气。如果勉强努力，不尊重自然规律，会如同涸泽而渔、揠苗助长，不仅不会增长功力和元气，不会练出真正的内功，反而会损害身体健康，得不偿失。

其次，养气的原则要点，是要“直”。也就是为人要正直，坚守道义，坦坦荡荡，内心光明磊落。这样的话，真气的成长壮大就会更加顺利，也会对身体和功力起到很好的帮助作用。相反，如果习练者做人不正直，为人行事不坚守正道原则，以致陷入歪门邪道，那么，真气就会难以健康生长，不论对功力提高还是对身体健康，都会贻害无穷。这样，也就不可能练出武术的内功来。

所以，从道理上知道什么叫直，什么叫养，也就明白了孟子所说的“气以直养而无害”的道理，这就是读书明理的作用。

除上述说的，读书要明理之外，读书能够得意，也是同样重要的。

读书而得其意，应该怎么理解呢？一般来说，即理解了书中的大致意思和精髓思想。这样理解也并没什么错误，但其实说的是上面所讨论的明理的意思。笔者这里所说的得意并不是这个意思。笔者所说的得意，是指领会和感受书中所讲解或者描绘的意境；从感性的角度，让自己的意念和身体被书籍的内容所影响。或者说，就是读者在阅读书籍的时候，其身体获得一些直接的感受，就仿佛从书中获取了能量一样。比如，人在读书的时候，有时看到书中的某些说明或者描述后，读者就会感觉浑身通畅，或者感觉浑身充满力量，或者感觉“哇”的一瞬间身体长大无数倍，或者感觉丹田霎那充实，或者感觉身体的某一部分失去边界，与宇宙合为一体等。这些感受，就是读者与作者心意相合，达到了某种状态，从而获得了书中的能量。这也是笔者所说的得意。

武术作为系统的身心运动，其外在的体现，是生理（躯体）素质的提升。而生理素质的发展，是受心理状态影响的。而实际上，在心理上感受先贤大哲们的意境，对于武术修炼，尤其是内功太极的修炼所起到的作用，其意义是巨大、超出想象的。

五、访友

说到访友，顺便普及一个知识，以前关于练武术的条件有个说法，就是要有“师”“财”“侣”“地”。具备这四个条件，才能练习武术。这个说法是有道理的。

“师”的问题。练武术必须要有老师，这一条不言自明。

“财”的问题。就是说，学生要有钱，才能练武术。因为那时候，多数人的经济条件都不好。如果钱不多，连吃饱饭都成问题，怎么可能练拳？因为学生如果想学拳练拳，首先，要有钱请老师。其次，学拳练拳还涉及补充营养的问题，所以必须比较有钱才行。因为，练拳会促进新陈代谢，促进身体机能的提升，但也会耗费大量的体力。所以，练拳的人必须健康搭配饮食，营养充分齐全，需要摄取比普通人更多的能量、蛋白质和各种微量元素。所以，有钱是习武的重要条件，也是过去常常说“穷文富武”的重要原因。

“地”的问题。就是说，要有学拳练拳的合适场地。这个也是有道理的。好的环境会对练拳产生事半功倍的效果。一般认为，风景优美、空气清新、人烟稀少、安静自然的环境，对于练拳来说，是更加适合的环境。很多人认为，如果环境中有高大竖直的树，有水，也是特别好的气场，对练拳有帮助作用。这也是对的。

“侣”的问题。这是学拳练拳的一个必要条件。侣，是指与自己一块学拳练拳的同伴。练武术，不只是理论的学习，更多的是一种实践科学。所以，除了老师的传授，有同伴可以共同学习、训练、交流、切磋、试手是必需的。日常的学习、训练和陪练，是可以在同门师兄弟之间完成的。但只有这些是不够的。还需要扩大接触面，寻访武术圈的其他好友同伴，多接触其他同道，这样可以增长见识，开阔眼界。所以，访友，也是必需的。

但是，需要强调的是，访友有一些原则必须要遵守。第一，一定要克服好胜争斗之心。因为，练习武术最重要的目标是提升自己的武术造诣，与人切磋的胜负是完全不重要的。人一旦被好胜心控制，就会忽略最重要的目标。而且，自己的好胜心很可能会激起别人的好胜心，这样就更不好了。如果一个人的好胜心太重，不仅不会从好友那里获益，有时甚至会闹得不愉快，成为敌人，那就太愚蠢了。第二，每个人要选择适合自己的武友来结交。所谓道不同不相为谋，要访友只能选择同道。比如，有的人的原则是，如果切磋就要真打真摔，彼此都鼻青脸肿，甚至流血骨折也不介意。而有的人觉得切磋就应该点到为止，不应该实际伤害到对方的身体。这两种人都没有错，但他们的原则不同。所以，他们之间是不应该切磋试手的。第三，如果要切磋交流，即使是同道中人，也要实现约法三章，在交流切磋之前，讲好规则和界限，避免出现误解，更要避免出现意外。所以，友谊第一、学习第一，切磋第二、胜负第二，才是该有的状态。

在此基础上，练习太极拳或者其他武术，应该多寻访武林好友，互相学习、互相交流、互相促进、互相切磋验证所学。访友的好处，除了切磋试手、取长补短之外，还可以增加阅历，避免闭门造车，故步自封。阅尽天下英豪，见过各种风格的高手，也就可以知道真高手是什么样子，真内功是什么样子，就会去伪存真，而不会被错误的观点所误导。同时，与武林好友的信息交流也是非常重要和有益的。从朋友那里可以了解更多的信息，比如哪个老师比较好，哪本书很好，哪个心得特别有帮助，可以相互借鉴的。很多这类信息，可能是在老师那里不能或者不容易获得的。笔者在习武数十年的时间里，很多地方的进步，也得益于诸多好朋友们的无私交流和帮助，笔者借此机会向他们一并表示感谢。

所以说，既应寻名师，又宜访名朋。访友，也是练好武功的一个必要原则。

六、循规

没有规矩，不成方圆。所以，练习太极拳，修习太极内功，有很多原则和要领是必须要遵守的。练习太极拳的规矩，可以总结为“正、圆、松、提、静、活、连、合、阴阳、自然”十点，具体如下。

（一）正

身体姿势上，要立身中正，不偏不倚，端正安舒，八面支撑。头部和身体躯干要始终保持端正状态，不可歪斜、俯仰、弯折。即使某些招式需要倾斜躯干，习练者也要保持躯干自身的端正，要有斜中寓正之感。

思想精神意念上，习武之人要为人正直，行为端正，持正念，养正气，坚守正道正义。练拳的时候要持有端正之心，日常为人处世亦要正直，不可持奸佞邪念。

（二）圆

基于太极的原理，太极拳的动作，除了发力的一瞬间之外，基本都是圆弧形轨迹，很少有直来直去或者折线动作。这是太极拳的一个特点。

除了做动作时肢体在空间的运动轨迹身体本身也遵循圆弧形运动的原则进行旋转。对于躯干和头部来说，就是指在动作过程中，始终伴随着腰部和颈部的转动。对于四肢来说，就是指在动作过程中，始终伴随着手臂和腿部的自转，也就是人们所说的螺旋缠丝。

（三）松

太极拳一个至关重要的原则是讲究放松。练习太极拳，需要肢体在任何时间不可以僵硬。即使在发力的一瞬间可以用力爆发，但仍然不可以僵硬。具体来讲，放松可以细化为以下要领：

①沉肩。肩膀需要放松，要从肩头放松到肩胛骨。整个肩膀如同挂在身体上一样，不可僵硬，不可耸肩。

②坠肘。随着肩部和整个胳膊的放松，肘尖要随着重力自然下坠。即使伸直手臂的时候，肘部也要略弯曲，肘尖也要有自然下坠的感觉。

③松胸。关于太极拳胸部的要领，很多人说“含胸”或者“涵胸”。关于这些说法，首先其含义比较模糊，其次理解起来容易引起歧义。这里，笔者可以确定地说，改变胸部本来的自然姿态，刻意“窝胸”或者使力让胸部凹陷是错误的。胸部的正确

要领，是在身体正直的基础上，自然放松就行。不可以挺胸，不可以窝胸，自然松胸即可。

④松腰。腰部的要领，是在身体端正的同时，放松自然，不可僵硬紧张。

⑤松腹。腹部的要领，是要自然放松。自然充实而放松，是腹部的应有状态。有的人有时候会在做动作时下意识地收紧腹部肌肉，这是错误的，因为这样做会阻碍腹内气血循环。紧绷狭小的腹部，不利于太极拳功夫的积累和内功水平的提高，练太极拳的人，虽无赘肉但却充实饱满的腹部才是美的。

⑥敛臀。练习太极拳，躯干整体上是自然正直的。而人们在身体挺拔正直的时候，可能会不自觉地翘起臀部，这是错误的。臀部的要领也是自然放松，不可翘臀，要稍稍收敛臀部。

以上说的是身体姿势，另外，从思想精神意念上，习练者也要遵守放松的原则。精神上要遵循踏实、安定、放松、舒适的原则，不可焦急、紧张、拘谨或者慌乱，不论动作快慢与否，皆宜淡定从容、不慌不忙，要有泰山崩于前而不变色的气度。

（四）提

上面讲的“松”，说的是肢体需要放弃用力，在重力作用下被动地放松身体，去掉不必要的用力，使身体状态得到优化。这里讲的“提”，是与松相对应的概念，指的是该用力的地方必须适度用力。这里没有用“紧”字，因为“紧”字容易使人联想到紧张僵硬，而紧张僵硬是绝对错误的，所以此处用了“提”字。与上一条相结合，总结起来就是说，该松的地方要松得下，该提得地方要提得起。具体要领如下：

①拔背。练习太极拳，后背需要挺拔，使躯干得到充分的伸展。后背的适度用力挺拔，是在放松伸展的前提下用力，当然，

后背绝不可僵硬紧张。

②提肛。肛门要提。古人有言，谷道内收，真气不泄漏。尤其是发力的瞬间，必须提肛。但是提肛要适度，用力不可太过。

③虚领顶劲。练太极拳的时候，颈部要在放松的同时，适度伸展上提，百会穴朝天向上顶，有如一根看不见的丝线提起百会穴的感觉。

④开胯。胯关节要拔开，不可紧缩，胯部放松而伸展略用力向外撑开的状态称为开胯。

以上说的是身体姿势，从思想精神意念上，也要遵循“提”的原则。也就是说，要提起精神来，具有神足精旺的状态。练拳时，切不可萎靡不振，昏昏沉沉。

（五）静

太极者，阴阳也，动静也。故练习太极拳，在动作中，要讲求静。静，并不是静止不动，而是动中求静。

从思想精神意念上，要力求安静、冷静、清静。中正安舒，松静自然，不可噪乱不安。

从动作上，讲求动作如行云流水，虽动而有静气，慢而悠然自得，快而从容不乱。

在气血上，也要求静。要心如止水，气沉丹田，呼吸深沉，上虚下实，虚心实腹。切不可气血上浮，气喘吁吁，心慌气乱。

（六）活

太极拳动作不论多静多慢，一定要注意肢体要活，不能僵滞。全身上下，处处都要灵活，一动无有不动，一触则变，处处皆活。在做某些动作时，某一部分的肢体即使看起来是不动的，但其实也是微动的，不可彻底停滞。

关于“活”这个原则，全身都要遵守，其中活膝尤为重要。

说到膝盖的要领，首先，要在动作方位上，尽量与脚尖所指方向一致，其次应该尽量避免负重的情况下旋转运动，这是很多人都知道的。但关于膝盖，还有一个“活膝”的重要要领，很多人都是不知道的。活膝具体指：

①膝盖动作不能僵硬僵死，膝盖应该是始终交替屈伸运动的，至少是微动的。

②膝盖劲力不能持续紧张，要有松有紧、松紧交替。如此，膝盖受力的大小应该始终处在渐变中。

③从意念上，如果负重腿为阳，未负重腿为阴的话（后面会专门阐述阴阳的原则），则在阴阳转换的过程中，思想意念的重点不要放在负重腿上，要主要放在未负重腿上。这个以“阴”为主、以“阳”为辅的意念原则，也可以用在其他身体动作上，但用在膝盖上效果最为明显，可以有效地使身体能量活起来。在具有一定基础的情况下，就此进行训练，对于太极内功的提高具有不可估量的作用。

太极拳不仅动作要活，气血也要活。行气如九曲珠，无微不至，流水不腐、户枢不蠹，不论肢体是动是静，气血都要灵活流动，绝不可停滞、阻滞。

同时，精神也要活。精神意念不能呆滞，要灵活机变，充满活力。

（七）连

太极拳动作的另一个特点是连。也就是说，除了发力的动作之外，太极拳的动作轨迹是连贯不断的。同一招式的各个动作的轨迹都是弧形连接的，不可以有折线的运动轨迹。不仅如此，前一招式的运动轨迹与下一招式的运动轨迹之间，也需要用圆弧形运动圆滑地衔接起来。总体来讲，除了发力瞬间之外，练习太极拳，就是从头至尾无数个圆圈叠加的轨迹。

不仅练拳运动轨迹的弧形圆滑连接，而且练拳时，肢体内在力量劲力的运用也是连贯的，要稳定渐变，除了发力动作以外，不可以突兀断掉或者突然改变劲力使用方向。

对于发力的动作，圆弧形的轨迹是断了，内在的力量运用好像也是断了，但意识仍然不能断，要讲求力断意不断。要在运动轨迹和内在劲力断掉的情况下，用意识来把运动衔接起来，保证整体意念连贯不断。

（八）合

太极拳是人体全身系统整体运动。所以，合，是太极拳的一个关键要领。“合”具体包括：

①上下相合。也就是通常所说的外三合。即上肢与下肢的运动要结合起来，合为整体。具体为肩与胯合，肘与膝合，手与足合。

②身手相随。也就是躯干各部分的细微运动与四肢的运动要结合起来，合为整体。

太极拳作为内家拳，不仅要身体外在形体的整合，也要把内在与外在结合起来，内外相合，处处贯通。具体包括：

①内在的劲力要与动作外显的轨迹结合起来。

②呼吸与劲力要自然配合。

③劲力与意念要自然配合。

④劲力和眼神要自然配合。

关于内在与外在的结合，一般的说法是意气力三者的结合，称为内三合。这里说得更细一些，添加了眼神与劲力的结合，因为眼为心意之苗，注意眼神与劲力的结合，会更好地促进意念与劲力的结合，也可以更好地锻炼眼力。另外，笔者还添加了劲力与运动轨迹的结合，这是针对有的习练者动作空洞的缺陷而提出的。练拳的时候，不仅要把该做的动作做到位，还要在动作到位的时候，把劲力也使到位，这样才是完整的。否则，动作到了，劲力却没到，意识和气血更不可能到，这样的动作，就是假动作，不仅没有丝毫实用功能，也起不到健身的作用。

（九）阴阳

太极者，阴阳也。何为阴阳？动静为阴阳。重轻为阴阳。进退为阴阳。上下为阴阳。左右为阴阳。快慢为阴阳。显隐为阴阳。收发为阴阳。主次为阴阳。化发为阴阳。

练习太极拳，岂可不知阴阳。必要知道阴阳，体会阴阳，揣摩阴阳，懂得阴阳，使用阴阳，转化阴阳，掌握阴阳，方能练好太极拳。

（十）自然

自然，是太极拳的最高法则。在遵守上述各个要领的时候，更要遵循自然的大原则，凡事皆不可过于主观。对于动作的效果，习练者不可强行努力，要顺应肢体力学原理，要顺应生物学、生理学的规律，对于自己的心态，也要顺其自然，遵循心理学的科学规律。对于功夫的发展和提高，习练者更不可强求，要顺应自然积累和发展的规律。

习练者遵循自然的原则，既要循规蹈矩，因为规矩是依据自然而确定的规矩；又要自己感觉舒服，因为在不同的阶段，需要有不同的规矩，强行遵循教条的规律，也是背离自然的大原则的。知道规矩、遵守规矩、掌握规矩，并灵活务实地运用规矩，在特定情况下，为适应实际情况而超越规矩，是练拳习武功力提高的必由之路。

七、真练

俗话说，拳练万遍，其意自现。师父教得再好，自己听到得再多，也要把真的内功“练”到自己身上，才是真功夫。

真练，就是要真正地练拳，练内功。怎么叫真练呢？有人可能会问，难道还有假练吗？这里所说的真练，一方面，是指要真正努力地练拳练功，用心、用意、用力，积累汗水和时间，冬练三九夏练三伏，冬练三九要头顶腾雾，夏练三伏要盐渍绘衫，如此方能练成真功夫。另一方面，真练，也是指要练真东西。要学于明师，要学明师的真知灼见，要尊重科学，采用科学合理的训练方法。要不虚练、不妄练、不过力、不好高骛远，踏踏实实地积累真功夫，不贪图速成走捷径。

关于如何真练，笔者还有个细节建议，每次练拳不论几遍，不要简单重复，风格可以有所不同，体会其中差异。一般来说，建议每次练三遍。第一遍拳以伸展为主，第二遍拳以放松为主，第三遍拳摒弃主观意念，纯任自然。

八、揣摩悟证

古人云：“学而不思则罔，思而不学则殆。”练拳而不揣摩则拳技难精，只揣摩思索而不勤于练拳则落于空谈。故，真练勤练的同时，必要用心揣摩体悟。练拳而不求用心揣摩，则不可能掌握其动作原理，不能知道其动作用法，更不会知道动作的机变，也就更不可能练好太极内功。可以说，用心揣摩，是掌握拳架的含义和用法，修习太极内功之必要手段和过程。更进一步说，如果习拳而不体悟其中之道理，那么，即使可以纯熟掌握拳架，知道攻防含义，可以应用，也成了纯粹肢体之能事，难以登堂入室，提升境界，练成太极内功，通晓太极之道。

那么什么叫作悟呢？悟的意思就是通过分析思考以得出能够解决实际问题的结论，就是指在思维和实践上进行领会和掌握。领会之后，再通过身体的实际运动效果，来验证理论的正确，来对理论进行更高层面的掌握和应用。

悟证是真练结合揣摩的结果。也就是说，习练者通过自己的学习，在理论上知道了东西，再通过勤学苦练，把学到的东西练到身上，达到能够应用的程度，与理论相印证，并把对理论的认知进行进一步的发展，举一反三，触类旁通，进一步用来指导练拳。比如，练太极拳的原则要领中有一条是“放松”。那么，怎样才能真正做到放松？放松以后是什么感觉呢？身体处在什么状态呢？放松以后自己会有什么变化、有什么提升？等等，这些别人很难教会你，别人最多只能给你提供一些引导，提供一些方法。自己的身体最后怎样才能真正地松下去，还是要靠自己真练同时反复揣摩体悟，逐渐地一层一层地松下来，以至于最后豁然开朗，真正成功做到放松。

所以，揣摩悟证，是学好太极拳，练好太极内功的必要途径。

九、得意

之前也说到得意，是说的读书得意，即得到书中之意。此处说的得意，是指从练拳中，得太极之意。就是指，习练者通过学拳练拳，已经可以自然地随心所欲地用意念来指挥动作。并且，也得到了太极拳的真意，感受到太极的精妙之意，感受到了太极阴阳差别对应及相互转变的奥妙之义。

这里打个比方，得意之于练拳的招式动作，恰如数学中的函数的导数之于函数。浅层得意，就是一阶导数；深层得意，就是二阶导数，或者更高阶的导数。有数学基础的习练者可以就此体会，也可以用来印证自己的所学所悟。有的读者可能不容易体会这几句话的意思，但也没关系，不必拘泥。

比如，大其意，则仿若身长数万丈，低首俯视山峦群峰如泥丸。借此感知自身高大之意。

比如，小其意，则如自己立身草丛，仰观参天大树。借此感知自身渺小之意。

而坚其意，则如金刚之体，迎钢削铁如入枯木，所向披靡。

而弱其意，则如软水如残花，遇轻风亦泛起涟漪，飘转飞落。

其意若速，虽万里之遥，未及凝眸而闪身已至。

其意若缓，虽方寸之隔，千元已过尚行至半途。（注：元，是中国古代时间计量单位，一元为4617年）等。

总而言之，意之所向，如金刚般固，铁石为之开。念之所至，冰融雪化，万树花红。

不仅得意如此，而且，亦可在各意念之间轻易转换，毫无挂碍。

若如此，则须知阴阳，知转换，知有无，知若隐若现，知亦有亦无。

最重要之处在于，凡此类得意，非为空想虚妄，而皆须与行拳悟证紧密结合，方为真得意。

王宗岳《太极拳论》云：“应由‘招熟’而渐悟‘懂劲’，由‘懂劲’而阶及‘神明’。然若不得太极之意，空知劲力运用，焉得神明？”故详细言之，应为，由招熟而至懂劲，由懂劲而得太极之意，太极之意浑然贯通，而阶及神明。此太极内功晋级之路径也。

十、贯通

习练者在通过真练和体悟得意之后，全面系统地得了太极拳的真义，并无丝毫困惑，而内功也已有相当程度，就为贯通。贯通之后，内功已经很高，且掌握了太极拳的系统，可以举一反三，可以根据已经掌握的原则和理论来指导任何出现的新问题，可以随意编创招式，而不脱离基本的正确原则。此时，可以自成一家，为人师表，而不被讥空有虚名，误人子弟。

贯通之后，在生理上，会出现脱胎换骨的现象。因为，练拳得法入境之后，人的新陈代谢会产生根本性的优化重塑，身体的微循环得到极大改善，身体组织细胞得到充分的营养供应和代谢。在此基础上，自己再注重劳逸结合，注意运动与休息的合理搭配，就会使人体始终处在良性的状态中。这样，人体各细胞、组织、器官都会达到最佳的运行状态。长此以往，人的生理就会发生变化，比如皮肤细嫩有光泽，容光焕发，浑身散发活力，始终感觉兴致勃勃、充满力量，不容易疲劳，或者疲劳后也很容易恢复，人会显得很年轻。气质也会发生变化，变得更加健康，脾气秉性更加随和、乐观、开朗，情绪也更加容易控制，给人整体感觉像是换了个人似的。

除了在生理上的明显变化，练拳得意贯通之后，人的思维和大脑的变化也是非常明显的。比如，自己的思路会更加开阔，灵感源源不断，思维的系统性和整体感更强、更加灵活，不容易钻牛角尖。如果再上一个层次，人就会感悟理解到更深层次、更宏大的宇宙真理，不仅对日常的工作有所启发和帮助，提高效率，还可以使人对人生及宇宙的终极意义豁然开朗，通晓和掌握天地宇宙要义。

十一、无我

太极大道既通，则知天道人理，感叹人类渺小，宇宙浩瀚，自我内功再高，也完全不值一提，只是社会上的一份子，更是宇宙间一粒尘埃。自此贯通圆活，无有执著，不自专、不自大、不自我、不自私。凡事盖以天道人理衡量而行之，小我消而大我现。大我其实非我，世间本无我也。

十二、自然

既已无我，而我又实存，则在无我有我之际，唯有自然而然，不假自己强为。天地自有法则，宇宙自有真理，芸芸众生，世间万物，细菌星系，各守其道，红日灼兮，群星闪耀，大江奔流，高峰云绕，自然而然，方为大道。

十三、天人合一

人法地，地法天，天法道，道法自然。

天，自然，地，自然，人，自然。一也。

第三节　秘传内功太极修行歌诀

打拳开始必热身，终了收功莫看轻。

收功完毕不急走，不妨安静站俄顷。

用餐打拳要间隔，建议至少两刻钟。

大饥过饱或大累，大喜大怒悲惊恐。
此时打拳皆不宜，损身病患或无穷。
贪练过力伤身体，浅尝辄止难成功。
练拳难免勤出汗，及时补水要看重。
口舌生津不觉渴，也要饮水切记清。
大小便时宜禁口，打拳期间话要停。
练雪不练风与雾，练雨需避雷电鸣。
太极大道生活化，行走坐卧都是功。
善意助君通天地，良心端正能成功。
修身积德成大道，举头三尺有神明。
世人孜孜求秘法，众人纷纷寻捷径。
秘法捷径已昭昭，愿君日日能奉行。

一、秘传内功太极修行歌诀的详细说明。

（一）

打拳开始必热身，终了收功莫看轻。
收功完毕不急走，不妨安静站俄顷。

练拳之前必须热身，这句话听起来很普通，很多人都知道。但笔者在现实中发现，许多人在练拳之前，却是不热身的。练拳前不热身，不仅不利于内功功力提升，而且隐患很大，容易受伤。所以在这里首先强调，打拳之前，必须要先热身。

同样重要的，练拳之后也必须要收功。收功有两个含义，第一个含义，是指在练拳套路的最后，要行收功势。即双手从体侧自然上举，举过头顶后，双掌指尖相对，掌心向下，在体前缓缓下落至小腹前，内气随之自然下落。此收功势可行一遍，也可行数遍。在习练者按此方式收功之后，建议不要立即走动，宜小站片刻，体会松静自然之余味，让体内太极能量自然流转，运通周天。收功的另一个含义是，在行完收功势并小站片刻后，对自己全身进行按摩拍打（勿过重），然后踮起脚尖自然下落足跟（勿过重），同时顺势发声“哈”。重复数次，以此震荡气机，由静转动。方为收功完毕。

练拳须持敬，善始又善终。
开始要热身，终了须收功。
收完不急走，小站几分钟。
内气仍流转，静待周天通。
自然体余味，日久内功成。

（二）

用餐打拳要间隔，建议至少两刻钟。

笔者在生活中曾见过很多人，刚刚练完拳就立即吃饭。或者，刚刚吃完饭，就立即打拳，这是非常不科学的。练拳有内功的话，是涉及到内脏的运动的，吃饭后的消化吸收也涉及到内脏的运动，这两个运动之间是相互影响的，有一定的冲突性。所以，练拳之后，要间隔一定时间再吃饭；吃饭后，也要间隔一定时间再练拳。餐后不可立即练，练后不可立即餐。建议至少间隔半个小时至一个小时，方为妥当。

（三）

大饥过饱或大累，大喜大怒悲惊恐，
此时打拳皆不宜，损身病患或无穷。

练拳还有一个极为紧要的原则，就是要杜绝在身体极端的状态下练拳。如在大饥、大渴、大饱、大累、大悲、大喜、大惊、大怒、大恐等身体处于失衡极端的状态下，皆不可练拳。因为，在失衡极端状态下，人的能量不足、气机不和，在此情况下打拳，会过度透支身体或导致失衡加剧，给身体造成特别严重的损害。

这个原则，虽如此重要，但在现实中很多习练者却并不知道。如果违背此原则，后果可能极其严重。而且，内功功夫越高的人，如果违反此原则，损害会越严重。甚至有可能只犯一次错误，就导致身体完全垮掉。所以，务必要特别重视遵守才行。

太极为大道，大道隐神通。
不神亦不奇，自然持中庸。
饥渴饱累急，喜怒悲恐惊。
此时若打拳，病患必无穷。
因其非衡态，宜待自然平。

（四）

贪练过力伤身体，浅尝辄止难成功。

如果想要把拳练好，把太极内功练成，是需要不懈努力至渐入佳境的。所以，每次练拳的时间都不宜太短，要练透。如有条件，建议每次练习不少于40分钟，一般最好练一个多小时，不应浅尝辄止。但同时，练拳也不要走向另外一个极端，就是练得过多、过猛。如果练拳用功太过，会导致过犹不及，超过身体承受极限，损害身体健康。所以，循序渐进，掌握限度，是练成太极内功的不二法门。

（五）

练拳难免勤出汗，及时补水要看重。

口舌生津不觉渴，也要饮水切记清。

练拳时，如果出汗较多，是常见的情况。当然，每个人体质不同，不能要求所有习练者都出汗特别多，但一般来说，练拳出汗多，是一件好事情。但这个时候，就必须要及时补充水分，维持身体水分和电解质平衡。饮水不像吃饭，不必与练拳间隔时间，只要身体需要，随时都可以饮水。这里需要特别提醒的是，练习内家拳的人在练拳练功进入好的状态之后，阴阳既济，太极泰和，会有口舌生津的感觉，自己并不觉口渴。但其实，这个时候身体也是缺水的，还是要注意及时喝水，补充水分。

（六）

大小便时宜禁口，打拳期间话要停。

这里，讨论一下说话的问题。

人讲话沟通，固然是社会整体生存发展的必然技能，也是人这个物种生存发展进化的必要和有利因素。但是，讲话却是与单个个体的修身之道相悖的。相信很多拳友有体会，练拳进入佳境、气场与天地相合之后，常常沉默恬静，不愿言语。这是因为，身体周天自然循环的节奏与说话的节奏，是不同的。而在练拳进入佳境后，身体自然了、呼吸自然了、气血循环自然了，而说话言语这件事，就感觉是很不自然的，所以就会懒言懒语，不愿意说话了。“道可道，非常道”。道，不仅不是用来说的，而且，说话会在一定程度上与大道有所冲突矛盾。

但在社会之中，人是需要沟通的，不说话又是不行的。那么，在该说话的时候，肯定还是要说话的。但在某些情况下，则最好不要说话，或者至少要尽量减少说话。具体来说，如下情况不应该说话：

首先，大小便时不宜开口讲话。按照传统的说法，方便时讲话，容易泄漏真气。小便时，宜闭口并牙齿咬合。大便时，也最好闭口不言，不要说话。这样做，不仅对内功功力培育提升有好处，对身体本身的健康也是非常有利的。

其次，练拳之时，也应专心练拳，不宜说话聊天。当然，老师在教拳的时候，肯定是要边示范，边说话讲解的，这个另当别论。

大音希声，大象无形，大道不言。不妨试想，想当年，佛陀不作一言，拈花微笑之时，也必是身心进入绝妙菩提佳境之态。

所以说：

大小便时宜禁口，练功期间应不言。

佛陀拈花只一笑，大道无言天地间。

（七）

练雪不练风与雾，练雨需避雷电鸣。

天气，对练拳练功也是有影响的。有些天气下，适合练拳练功，有些天气，则不适合。天气晴朗、或者多云、阴天的时候，练拳没什么问题。一般来说，下雨、下雪的时候也可以，或者说是非常适合练拳的。而在有雾的时候，空气质量不好，污染物不容易扩散，不适合练拳。那么，在刮风的情况下，是否适合练拳呢？有俗话说“避风如避箭”，这句话有一定道理，但不能一概而论。如果是微风徐徐，当然是没有问题的。盛夏炎热的天气中，凉风送爽，也是没问题的。但阴风、狂风、寒风凛冽就不适合练拳了。在这样的天气下，就需要找避风的地方来进行锻炼。还有，在电闪雷鸣的天气下，是不应该练拳练功的，这也是比较重要的。

练雪不练雾，练雨不练风。

电闪又雷鸣，练拳当要停。

（八）

太极大道生活化，行走坐卧都是功。

曾有学生问笔者，每天练太极多久合适？笔者回答他，24个小时。没错，修炼太极，不是只有每天打拳的那一个小时是在修炼，而是每时每刻都在修炼。可以说，生活中所有的言行都是在修炼太极。所有的时间，都可以用来修炼太极。比如，工作中开会的时候，可以配合练习坐功。写文案的时候，可以如同行拳一样，把握虚领顶劲、立身中正、沉肩坠肘的原则，不仅不会影响工作，工作思路反而会更加清晰。与人交谈的时候，可以用别人难以觉察到的幅度，进行身体关节的旋转缠绕。晚上上床后入睡前，则可以专注练习呼吸等。总之，处处培养好的生活习惯，包括建立好的为人处事原则，也是修炼太极的必要手段。所以，这里提倡，将练习太极变为生活化，太极即人生，人生即太极。每时每刻，都用科学的方法和态度来生活、来行为、来锻炼、来休息、来工作、来待人处事。这样，就可以自然地、最大效率地获得内功。

（九）

善意助君通天地，良心端正能成功。
修身积德成大道，举头三尺有神明。

现实生活中，每个人天生的差距是有的，但总体来说并不大。而在开始练拳的时候，力量、速度、敏捷程度等差距都不是很大，在练习多年以后，为什么有的人就可以练出高级的内功，练出来超过常人的力量、速度和整体力，而有的人就不能呢？这当然是个系统问题，涉及诸多方面。但总体来说，很多真大师都会说“因为练拳得法而得到天地能量”这个说法。这既是他们的主观感受，也是可以得到实际验证的真实效果。那么如何得到所谓的“天地能量”呢？对人、对己、对天地持有真诚善意，就是得到天地宇宙能量的途径和方法。这样说起来简单，但实际操作起来，没那么简单，因为还涉及条件、时机和基础，需要老师根据具体情况因材施教，因时传授。但总体来说，对人、对己、对天地持有真诚善意，就具备得到天地宇宙能量的基础。除了善意之外，习练者还要有端正的良心。如果良心不正，首先，某些功夫是练不出来的。练不出来还好，因为也没有造成什么损害。更严重的是，如果良心不正，碰巧把某些功夫练出来了，那么，这些功夫不仅不会帮助自己，反而会戕害到自身。因为，我们每个人都很渺小，都是太极大道传承发展中的一环，都处在宇宙大道因果循环之中。端正良心，不仅是基于人类社会本质属性，自然而然所形成的为人处事的天然原则，也是人避免灾祸、保护自己的好方法。

所以，习武之人，要秉持善意，摆正良心，修身积德，心怀真诚纯正之心，崇尚道德，杜绝贪欲，慎独。时时牢记，举头三尺有神明。务必要做到：

公正善意待他人，光明磊落持自身。

躬行善举不必人知，人必不知也不作恶。

如果做到道德高尚正义，心意纯正纯洁，则内功功力日高，自不待言。此话听起来为空空之谈，实则为最紧要之原则。

（十）

世人孜孜求秘法，众人纷纷寻捷径，

秘法捷径已昭昭，愿君日日能奉行。

以上歌诀内容，有的是公开可以查询到的信息，但实际上被很多人所忽视；有的是私下秘传的心法和知识；也有的是笔者自己的亲身体悟或身边的真实例证。总之，这些都是来源于成功的经验或令人痛心惋惜的教训，是很至关重要的，并无一字空谈虚论。在这些方面，习练者如果做得好，练习内功会事半功倍；如果做得不好，不仅会事倍功半，甚至会损害身体，危及自身健康。所以，如上这些内容，每个练拳的人对每一条都应该周知广传。其中一条不知，就可能对身体造成巨大损害。在笔者身边，就有这样的实际例子，某些武功造诣特别高的武术家，就因为对其中某几条或者某一条疏于遵守，而导致身体出现巨大问题，殊为憾事也。所以，为了帮助广大太极拳习练者，以及其他的内家拳习练者提高内功水平，避免误入歧途，特归纳总结上述内容公之于众，希望大家能从中有所收获。

第四节　实用防身技法

练习太极拳，不论是为了防身还是为了健身，都应该学习掌握一些实用防身技法，如果是为了修炼太极内功，那更应该精于防身技击。毕竟，太极拳是武术，技击是武术的核心特质。掌握防身技法一方面可以用来防身自卫，保护自己，另一方面，也有利于全面系统深层次地理解太极拳的体系，有利于太极拳内功功力更好提升。因此，学习和掌握防身技法，对于所有的太极拳习练者都是必要的。

首先，我们讲一下徒手自卫。

空手对空手的自卫，相对来说比较简单。即使习练者练习武术时间不是很久，即使并没有练出来内功，也应该可以比较容易应对此问题。如果不能具备基本的防身自卫能力，那就一定是由于其训练体系有所缺陷造成的。

说到这里，顺便提一句练习传统武术的俗话，叫“太极十年不出门，形意一年打死人”。这句话的意思有多种解释，其中一个意思是说，很多练习太极拳超过十年的人，如果遇到与人格斗的机会，也会束手无措，不能游刃有余地应对，甚至打不过没怎么练过拳的人。但形意拳就没这个问题，只要练习形意拳一段时间，就可以具备很好的实战格斗能力。为什么会出现这样的情况呢？对比两种拳术的不同锻炼方式，就能知道其中原因。太极拳最基础的锻炼方式是操练套路，一个套路，几十个招式，成套练习。而形意拳的最基础锻炼方式，主要是练习五行拳，包括劈拳、崩拳、钻拳、炮拳、横拳。很多时候，练习形意拳的人几个小时只练一种拳，比如劈拳。就是这样的反复重复，使练习形意拳的人可以在很短的时间内，熟练掌握五行拳的运用技巧，获得相对较好的攻防运用能力。

说到这里，“太极十年不出门”这个问题怎么解决也就清楚了。其实解决起来很容易，就是两个字——“单操”。单操，是太极拳训练体系中不可缺少的一个重要环节，缺少单操训练的太极拳训练体系，是有缺陷的。

单操，顾名思义，就是单式操练的意思，也就是选择太极拳中的某几个招式，反复单式操练。具体操练方法包括自己练习和与人对练两种方式。俗话说，熟能生巧，巧能生精；拳打万遍，其义自现。如果习练者能够把一个招式反复训练、运用几万遍，遇到需要防身自卫的情况自然就可以信手拈来，轻松运用了。

作为太极拳的习练者，具体选哪几个招式单操，可以根据自身情况选择，不必拘泥。一般来说，喜欢哪个招式就选哪个招式，自己身体条件适合哪个招式就选择哪个招式。太极拳的招式，每招每式都有其特定的用法，有的是攻，有的是防，多数招式是攻防兼备的；有的是击打，有的是化解，很多招式是化打结合的。而不同招式的具体应用目的也有所不同，有的是擒拿法，有的是摔法，有的是踢法；有的是用拳击，有的是用掌劈，有的是用臂格，有的是用肘击，有的是用肩靠，有的是用胯撞，有的是用脚蹬，有的是用膝顶。总之，各有所长，各有侧重。对于单操的招式，举例来说，陈式太极拳中的懒扎衣、野马分鬃、双推掌、三换掌、闪通背、云手等，都是很适合单操的招式。

如果您本身没有特别的偏好，那么，笔者建议，可以选择双推掌和闪通背这两招。有了这两招，对于普通的防身自卫已经绰绰有余了。其中，双推掌属于进攻性招式；闪通背，属于攻守结合，或者属于侧重防守反击的招式。

先说双推掌。双推掌这个招式，动作比较简单，基本就是两只手同时向前推。运用的时候，可以根据自己方便用力的角度推向对方身体任意部位，包括胸部、肩部、腹部等。用劲可以是掤劲，也可以是按劲，更可以变为挤劲。全身发力，劲由脚底发，节节贯穿，力达掌根，拿住对方劲路后，呼吸吞吐，丹田抖动，常可使人腾空飞出，发人于丈外。如果选择这招进行单操练习，只要把这招的各种变化反复、重复练习，就可以达到很好的使用效果。在这里说明一下，就是因为很多不懂太极的人，认为这招用处不大，觉得用这招只是能把人推得向后退，或者最多腾空发出几米后落地，即使发人腾空而起，看着很漂亮，却也没有伤害到对方，并没有实际意义。其实这是一个误解。这招其实极其厉害，只要在运用细节上稍加变化，也可以变为杀伤力很强的招法。比如，在使用双推掌向前发人的同时用前脚踏到对方后脚脚跟，就可导致对方向后跌摔。再有，如果把对方发放到后面有障碍物的方向，比如现场有棵树，或者有堵墙，把人腾空向树上或者墙上发放，也都很可能会使对方后脑磕碰受伤。如果把对方发到楼梯下面，或者发向高楼的落地窗户，或者碰巧在山峰处，给对方发到悬崖下面，就更是非常严重的致命伤害了。而极端情况下，把对方逼靠在墙边，用双手推对方的头部，把其后脑撞向墙，或者将对方摔倒后，用双手推对方的头部，把其后脑撞向坚硬的地面，则是凶险杀招了，不遇到致命歹徒，不可使用这样的招数。而笔者建议双推掌的最佳使用方法和效果，是在偶尔与人起冲突的时候，运用双推掌的整劲，把对方推得不得不后退，使其知难而退，从而不战而屈人之兵，在不伤害对方的情况下化解矛盾，这样才是最好的结果。

再说闪通背。闪通背也是非常好用的招式。此招式有进有退，一波三折，略显复杂但确实攻守兼备，非常实用。面对对方的进攻，先退，边退边攻，再进而引之，然后乘势借对方进攻之力转而摔之。这招的实际运用方法是非常多的。但最直接的使用方法，就是在对方向自己冲过来攻击的时候，与对方搭手后接住对方的劲（一般是用自己的右手抓住对方右臂），然后迅速转身并借着对方向前冲的劲摔倒对方。对方冲劲越大，摔得越厉害。遇到非常凶猛的冲动冲锋型对手，闪通背是非常适合的应对招式，可使猛冲的对方落空后继而摔倒，对对方的心理震撼也是非常明显的，可以一招而结束冲突。还是那句话，说到底，练习武术并不是为了伤害别人，只要能保护好自己，避免和制止冲突才是最佳的策略。

不论选择哪招，习练者在选好单操的招式后，剩下的就是反复演练直至纯熟。自己把动作练得很熟了后，就要按照有假想敌的方式再练，同时找真人互相陪练。如同方才所举的例子，每个招式虽然都有特定的用法，但也都是有很多变招的。单操的时候，也要适应不同的临场条件，不可生硬盲目地运用。等把各个变招的方式都操练娴熟了以后，遇到实际应用的场合，自然就可以不假思索、得心应手、信手拈来、轻易取胜了。

第二章　陈式太极拳基本知识介绍

第一节　陈式太极拳简述及动作方法介绍

一、陈式太极拳的风格特点

武术各拳种风格特点各有不同，但都讲求力量、速度、爆发力、协调、反应机巧、变化灵活等。

太极拳与其他拳种相比较来说，总体风格上多了“柔”“圆”“缓”“松”“静”等特点。

而陈式太极拳，相对于其他太极拳来说，首先，在柔的同时，更加强调“刚柔并济”；在“缓”的同时，更加强调“快慢相间”。而且，陈式太极拳的动作有明显的“窜蹦跳跃”，这是与杨式太极拳等有所不同的。究其原因，应该是因为陈式太极拳是目前普遍流行的太极拳中产生最早的太极拳。在陈式太极拳诞生的时候，其他拳种总体上都是刚猛迅捷的，而陈式太极拳强调“柔”“圆”“缓”“松”“静”，相较于其他拳种是一种创新，也是训练方法上的一个进步。而杨式太极拳等是在陈式太极拳的基础上发展出来的，进一步强化了“柔”“圆”“缓”“松”“静”等要素。各式太极拳在本质上也并没有区别，只是风格特点的差异而已。

其次，陈式太极拳的肢体运动，强调螺旋缠丝。所谓螺旋缠丝，是指肢体在运动的时候，除了有位移上的运动，同时还注意强调自身旋转。比如，陈式太极拳向前推掌的时候，在手掌向前运动的同时，手臂也有与其相适应的旋转运动，以获得总体上的最佳运动效果。其实，其他太极拳在运动的时候，肢体也是有螺旋运动的，只是陈式太极拳在这方面特别强调而已。

基于此，熟悉其他各式太极拳的习练者，在习练陈式太极拳的时候，注意陈式太极拳的风格特点，就能更好地练好和掌握陈式太极拳。

二、陈式太极拳基本手型

1. 拳

陈式太极拳的握拳动作是除拇指外四指蜷曲握实，拇指弯曲，紧压在食指和中指第二关节。拳握实不留空隙，但实中有虚，紧中有松，不可僵硬。

手握拳后，手背部位称为拳背，手心部位称为拳心，食指、中指、无名指、小指的第二关节称为拳面。拇指和食指围成的虎口部位称为拳眼（图1～图5）。

图1

图2

图3

图4

图5

2. 掌

陈式太极拳的掌型包括瓦楞掌和八字拳。

（1）瓦楞掌：即五指虚虚并拢伸直，在放松的前提下指尖略后翘，以食指后翘幅度最大，中指、无名指、小指幅度依次减小；同时拇指在放松略后翘的同时，拇指根部与小指根部同时向内聚合，从而形成掌心凹陷之态。手背部位称为掌背，手心部位称为掌心，小指的侧面称为掌缘（图6～图8）。需要提醒的是，瓦楞掌的标准要求是手指并拢并伸直，但在实际练拳的时候，在基本遵循瓦楞掌要领的基础上，手指在放松自然的原则下微微张开，或者微微弯曲，都是没有问题的，不必拘泥。切不可僵硬地恪守教条而导致手部僵紧进而致气血循环不畅，放松、自然、通畅是大的原则，处处都要符合大的原则才是对的。

图6

图7

图8

（2）八字掌：拇指和食指伸开，其余手指弯曲收拢在掌心。如同用手指示意数字“八”字（图9、图10）。

图9

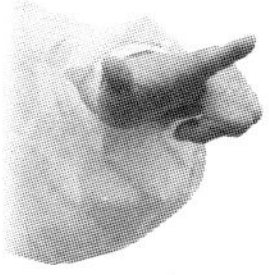

图10

3. 钩手

拇指与食指中指相捏住，无名指与小指顺序贴住中指（图11）。

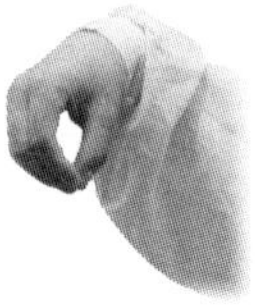

图11

三、陈式太极拳基本步型

1. 马步

身体直立的情况下，两腿向身体两侧分开，两脚间距大于等于两肩距离，膝盖弯曲，成半蹲姿态，身体重心位于两脚中间（图12）。

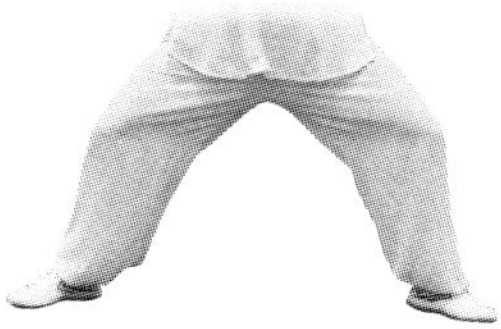

图12

侧马步

在马步的姿态下，如果身体重心偏向左或者右，则为侧马步（图13）。

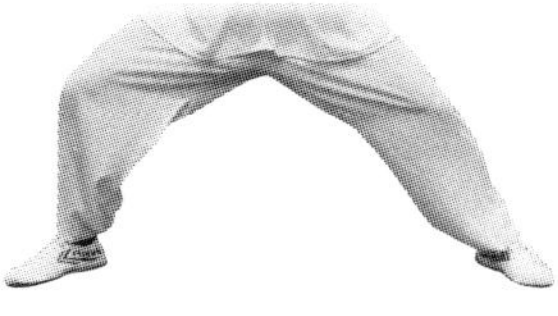

图13

2. 弓步

身体正直站立情况下，两脚分开，与肩同宽。左腿向前迈出后，弯曲成半蹲状态。右腿向后伸出，伸直前撑，略微弯曲。为左弓步（图14）。

身体正直站立情况下，两脚分开，与肩同宽，右腿向前迈出后，弯曲成半蹲状态。左腿向后伸出，伸直前撑，略微弯曲。为右弓步（图15）。

图14

图15

3. 虚步

双腿站立，重心完全在其中一条腿上，多数情况下，虚腿脚尖点地，不承担身体重量（图16）。

图16

4. 仆步

一条腿深蹲，另一条腿向身侧伸直，膝盖略微弯曲（图17）。

图17

5. 歇步

双腿交叉全蹲，左脚全脚掌着地，脚尖外展，右腿在后，右脚前脚掌着地，右小腿与地面基本平行，右膝盖靠在左小腿外侧，臀部靠近右脚跟。为右歇步（图18）。

双腿交叉全蹲，右脚全脚掌着地，脚尖外展，左腿在后，左脚前脚掌着地，左小腿与地面基本平行，左膝盖靠在右小腿外侧，臀部靠近左脚跟。为左歇步（图19）。

图18

图19

四、陈式太极拳基本步法

如无特别说明，陈式太极拳的步法特点是在向前方和向侧方迈步时，需要擦脚迈步。例如，两脚平行站立时，左脚向左横向迈步时，应先将左脚提起，离开地面，然后左脚尖略上钩，以左脚根内侧擦着地面，向左迈步，迈到位置后，左脚全脚掌落地踩实（图20）。右脚向右迈步亦同。

图20

再如，右脚向前迈步时，应先将右脚提起，离开地面，然后右脚尖略上钩，以右脚跟后侧擦着地面，向前迈步，迈到位置后，右脚全脚掌落地踩实（图21）。左脚向前迈步亦同。

图21

五、陈式太极拳基本功法

陈式太极拳的训练体系，以一路83式套路作为基础。在此同时，陈式太极拳还有一些基本功法，可以进行单项训练，也有助于内功太极的训练，坚持练习，可以取得很好的锻炼效果。

1. 平圆缠丝功

平圆缠丝功功法简单易学，是陈式太极拳基本功法，实际上，它也是陈式太极拳83式的起式。功法的具体动作为：

①两脚与肩同宽，脚尖自然向前，双手自然下垂，立身中正，面向南方，全身自然，舒展，放松（图22）。

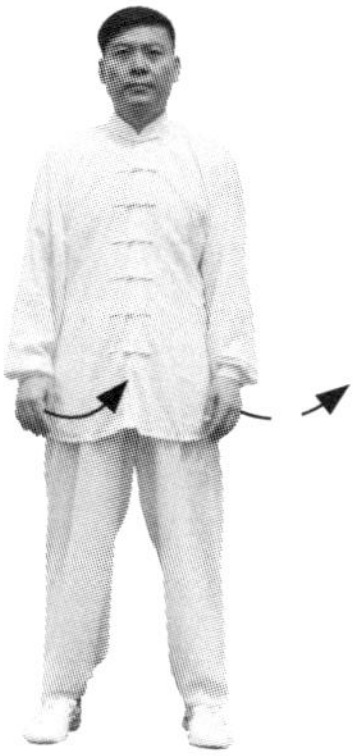

图22

②以身带手，双手成掌略向左后方向（东北）蓄劲，后顺势向右前方45° 角（西南）提起，掌心向下（图23）。

双手提至右前方，至基本与肩同高（图24）后，缓慢的旋转双臂至双掌掌心向左，双手向左平移（以腰带手），转至左前方（东南）（图25），缓慢旋转双臂至双掌掌心向下（图26）后，双手自然落下，下落向右后方向（图27、图28）。

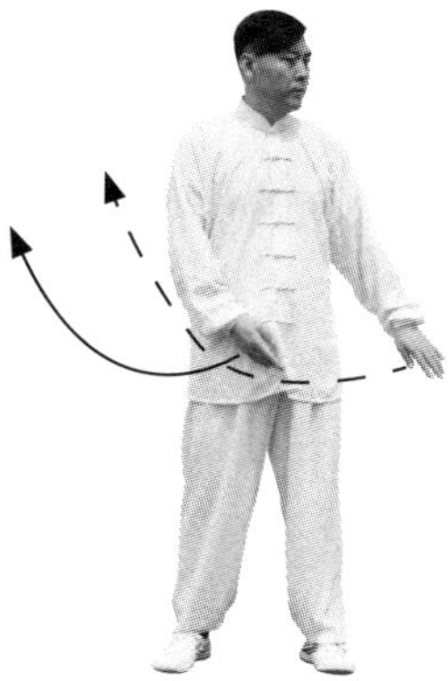

图23

图24

图25

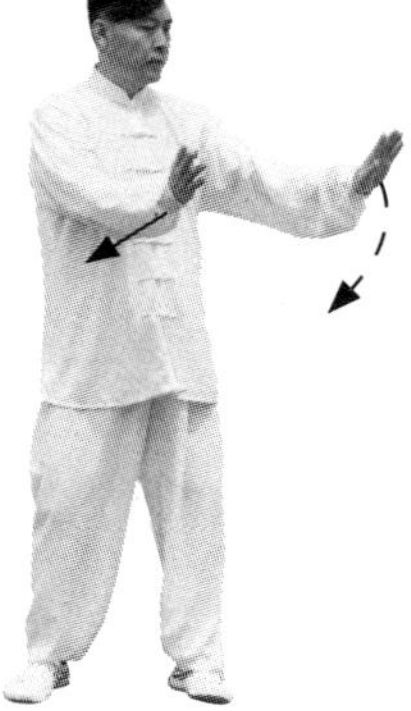

图26

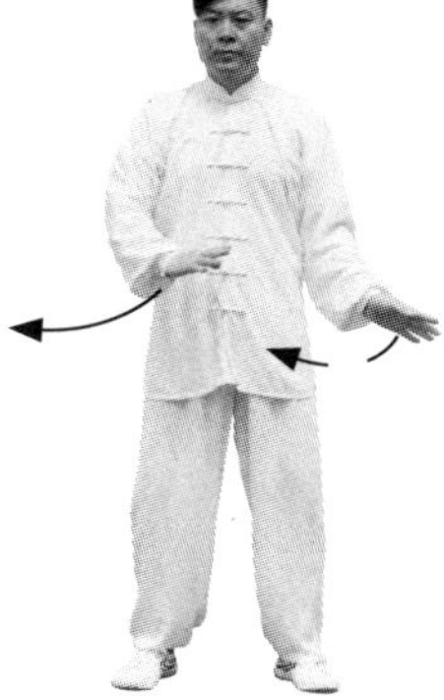

图27

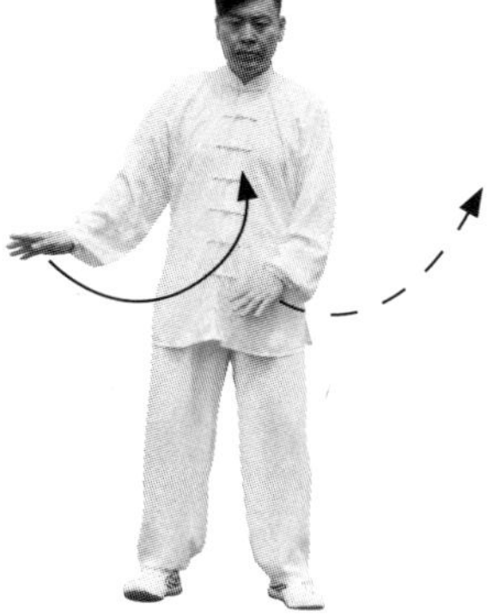

图28

③动作至此，为从右至左（逆时针）划平圆。下面的动作是沿相反方向，从左至右（顺时针）划平圆，动作相同，只是左右对称。即接上一动作，双掌略向右后方向（西北）蓄劲，后顺势向左前方45°（东南）提起，掌心向下（图29）。

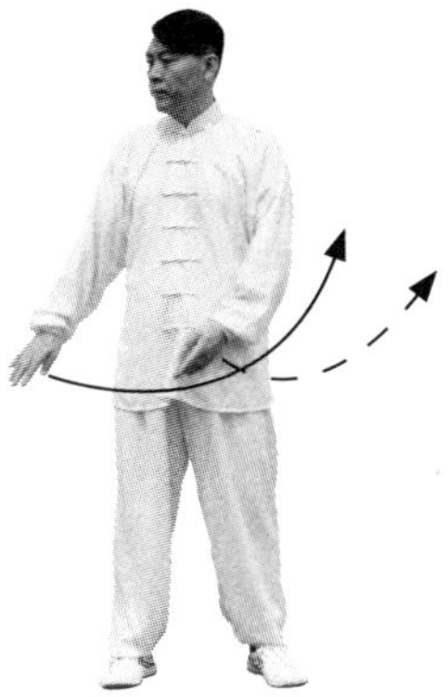

图29

④双手提至左前方，至基本与肩同高（图30）后，缓慢地旋转双臂至双掌掌心向右，双手向右平移（以腰带手），转至右前方（西南）（图31），缓慢旋转双臂至双掌掌心向下（图32）后，双手自然落下，下落向左后方向（图33、图34）。

图30

图31

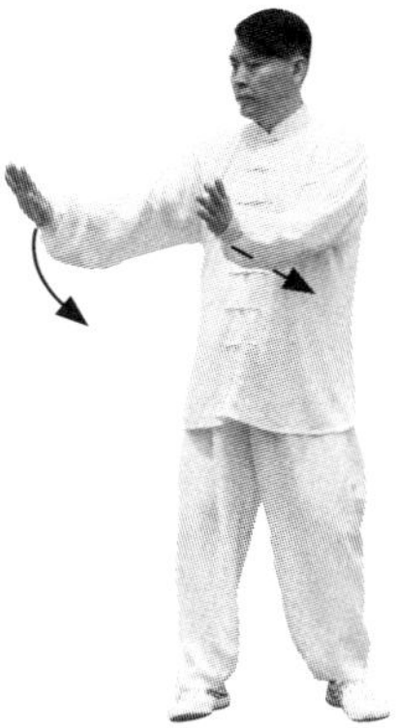

图32

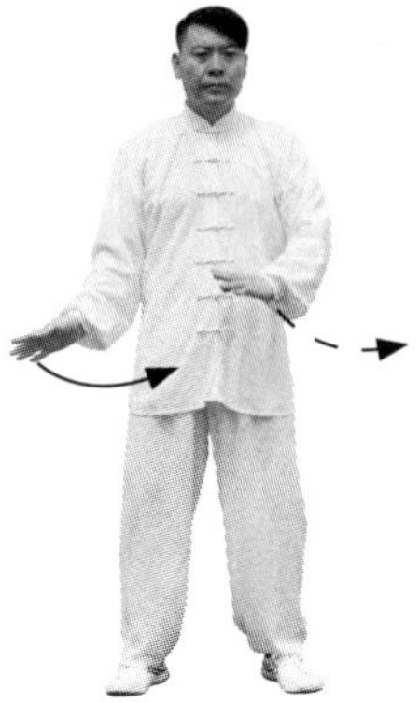

图33

图34

练功时，眼睛所视方向与意念所指、动作发力方向相同，但眼神应略早于动作，起到引领作用。此原则贯穿整个练功过程。

要领：立身中正，自然放松，动作连贯顺遂，无停顿，无微不至，以身带手，身手相随，周身一家。

练此功法，可以逆时针划平圆一次，接顺时针划平圆一次，为一组。每次练习，可以练习36组，但具体练习的组数不必拘泥，随着身体的感觉，自然练习即可。

2. 活膝功

所谓活膝，要做到以下三点：

①动作不能僵硬、僵死，膝盖应该是始终屈伸运动的，至少是微动。

②劲力不能持续紧张，要有松有紧，松紧交替。膝盖受力的大小应该始终处在渐变变化之中，把负重腿变为非负重腿时，要逐渐放松；把非负重腿变为负重腿时，要逐渐紧张。负重腿虽紧，仍有松之意。

③做动作的同时，意念的重点也要进行阴阳转换。负重腿为“阳”，非负重腿为“阴”。对于初学者来说，应以“阳”为主，以“阴”为辅，意念放在负重腿上，注意感受负重腿的动作。但对于有一定基础的习练者来说，适当时机把意念重点放在非负重腿上，注重感受和体会非负重腿的动作，体会松活之意。这相当于把原来的以“阳”为主、以“阴”为辅，变为以“阴”为主、以“阳”为辅，进行体悟，是非常有价值的。如果做得好、悟得好，刹那间，阳中生阴，阴中生阳，阴阳相生，内功功力会得到飞跃性提升。

这就是活膝的概念。

而活膝功，具体动作十分简单，就是双腿左右分开，下蹲，然后双腿交替伸直和弯曲，重心在左右腿之间来回移动。重要的是，在移动的时候，遵循活膝的原则进行锻炼（图35、图36）。

图35

图36

至于双臂的动作，初期可以双手叉腰不做动作，专心体会双腿的屈伸松紧。也可以熟练后，做平圆缠丝功的动作与活膝功相配合。

此功法简单易学，很容易掌握，习练效果甚佳。

第二节　陈式太极拳83式动作名称

第1式　起势
第2式　金刚捣碓
第3式　懒扎衣
第4式　六封四闭
第5式　单鞭
第6式　第二金刚捣碓
第7式　白鹤亮翅
第8式　斜行拗步
第9式　初收
第10式　前蹚拗步
第11式　第二斜行拗步
第12式　再收
第13式　前蹚拗步
第14式　掩手肱捶
第15式　第三金刚捣碓
第16式　十字手
第17式　披身捶
第18式　青龙出水
第19式　双推手
第20式　三换掌
第21式　肘底捶
第22式　倒卷肱
第23式　退步压肘
第24式　中盘
第25式　白鹤亮翅
第26式　斜行拗步
第27式　闪通背
第28式　掩手肱捶
第29式　六封四闭
第30式　单鞭
第31式　云手
第32式　高探马
第33式　右擦脚
第34式　左擦脚
第35式　蹬一跟
第36式　前蹚拗步
第37式　击地捶
第38式　翻身二起脚
第39式　兽头势
第40式　旋风脚
第41式　蹬一跟
第42式　掩手肱捶
第43式　小擒打
第44式　抱头推山
第45式　三换掌
第46式　六封四闭
第47式　单鞭
第48式　前招

第49式　后招
第50式　野马分鬃
第51式　六封四闭
第52式　单鞭
第53式　双震脚
第54式　玉女穿梭
第55式　懒扎衣
第56式　六封四闭
第57式　单鞭
第58式　云手
第59式　摆脚跌叉
第60式　左右金鸡独立
第61式　倒卷肱
第62式　退步压肘
第63式　中盘
第64式　白鹤亮翅
第65式　斜行拗步
第66式　闪通背
第67式　掩手肱捶
第68式　六封四闭
第69式　单鞭
第70式　云手
第71式　高探马
第72式　十字摆莲
第73式　指裆捶
第74式　白猿献果
第75式　六封四闭
第76式　单鞭
第77式　雀地龙
第78式　上步七星
第79式　退步跨虎
第80式　转身双摆莲
第81式　当头炮
第82式　金刚捣碓
第83式　收势

第三节　陈式太极拳83式动作图解

第1式　起势

面向南方站立，两脚与肩同宽，脚尖自然向前，双手自然下垂，立身中正，全身自然、舒展、放松。

双目远眺，上下齿轻轻咬合，舌尖轻抵上齿根。

颈部肌肉放松，颈椎竖直向上，百会朝天。

双肩、肩胛骨整体放松，如悬挂状。

胸部放松舒展、通畅自然，无硬挺之势，也无刻意凹陷之意。

背部挺拔，命门处略有自然后凸之意，臀部略有内翻托起腹部之意，仅为其意，不可用力太过。

两肋放松，双臂自然下垂，腋窝空虚。

腹部放松、充实。

臀部放松，会阴略上提。

腹股沟放松，略折叠内收。

膝关节略微弯曲。

全身从上至下放松至脚踝，双脚十趾内扣抓地，脚心空虚。臆想全身重量传递至脚踝后，由脚心处入地三尺，落地生根（图37）。

以身带手，双手成掌（陈式太极拳的掌形为“瓦楞掌”，即五指虚虚并拢伸直，在放松的前提下指尖略后翘，以食指后翘幅度最大，中指、无名指、小指幅度依次减小，同时拇指在放松略后翘的同时，拇指根部与小指根部同时向内聚合，从而形成掌心凹陷之态）略向左后方向（东北）蓄劲，后顺势向右前方45°（西南）提起，掌心向下（图38）。

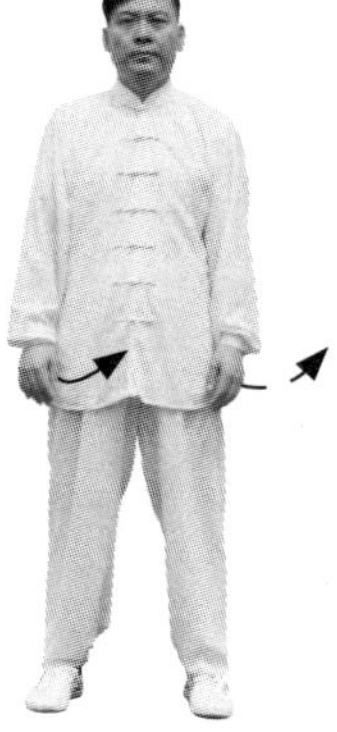

图37

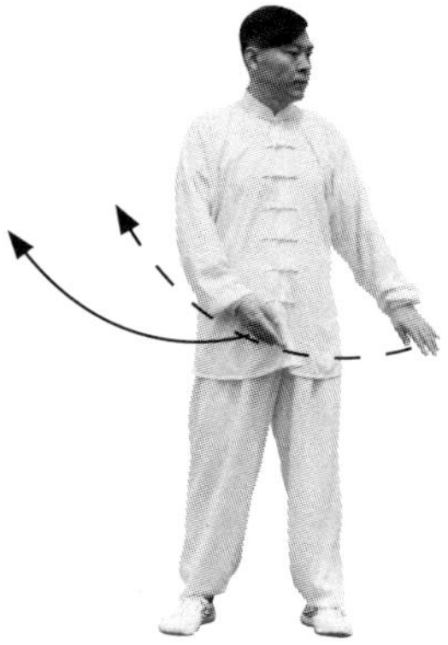

图38

双手提至右前方，基本与肩同高后（图39），转掌心至掌心向左，双手平移左转（以腰带手）至左前方（东南）（图40），转掌心至掌心向下后（图41），双手自然下落至右后方向（图42、图43）。

图39

图40

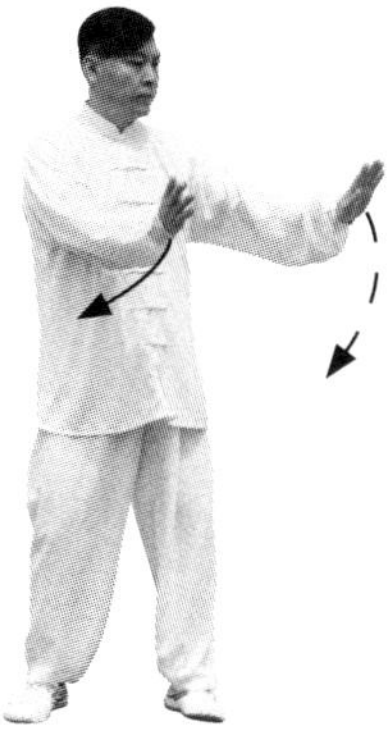

图41

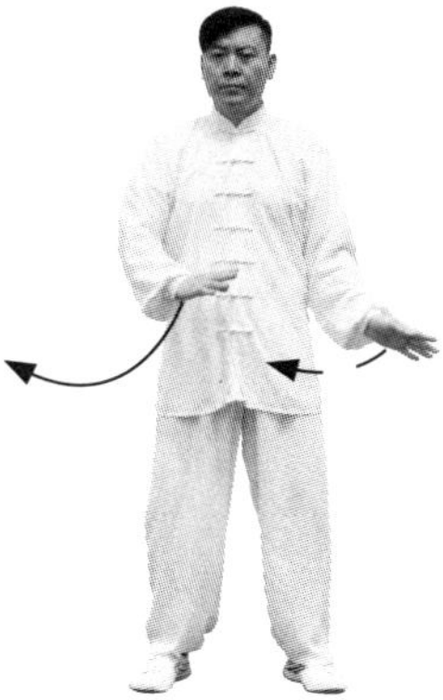

图42

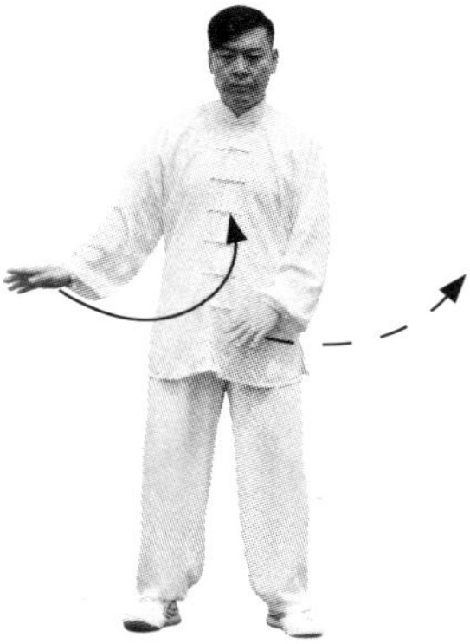

图43

所视方向与意念所指、动作发力方向一致，但眼神应略早于动作，起到引领作用。此原则贯穿整个练拳过程。

动作要领： 立身中正，自然放松，以身带手，身手相随，周身一家。

第2式　金刚捣碓

接上势，双手顺势略向右后方向（西北）蓄劲，随后向左前方45°（东南）提起，沉肩坠肘，掌心向下，身手相随（图44）。

双手提至左前方，基本与肩同高后，转掌心至掌心向右，双手平移右转（以腰带手，双腿自然相随）至体前位置后（南），重心转移至左脚（图45），以左脚为轴，身体右转90°，至面向西，右脚脚跟着地、脚尖提起，脚尖随身体转向西（图46）。

图44

图45

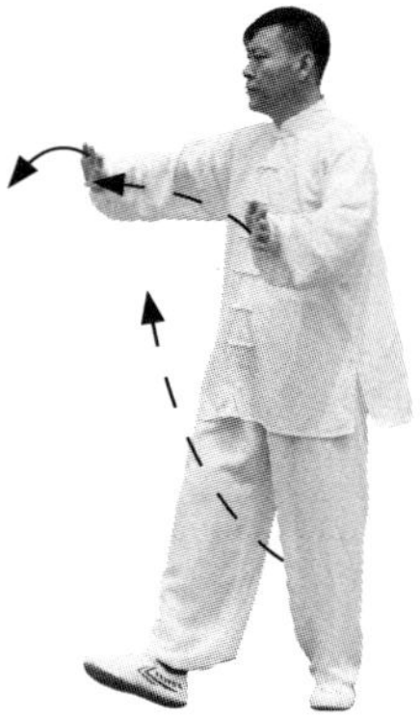

图46

提：

重心转到右腿，提左膝，右掌心向上，左掌心向下，双掌合住劲如隔空握住一物，随着提膝动作，略上提（图47、图47附图）。

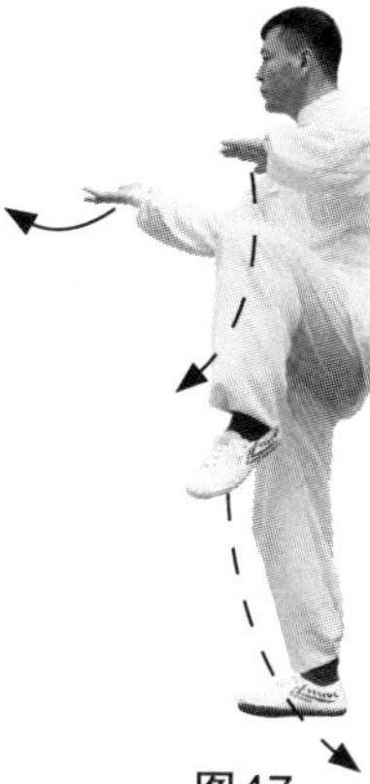

图47

图47附图

撑：

双掌及左腿同时下落，双掌随着下落之势向西北方向撑，左腿下落后向东南方向伸出，双掌与左腿成对称之势，外撑的同时，双手及左腿各关节均略微自然弯曲，挺拔而不僵直，伸展而自然顺畅（图48）。

图48

撩：

身体重心从右脚转向左脚，身体从面向西南转成面向南，随着重心及身体方向的转变，逐渐过渡转成左弓步；同时左掌下落，并顺着下落之势，经由体前以掌背上撩（向正南方），右掌继续后撑，与左掌成对称之势（图49、图49附图）。

图49

图49附图

上步：

重心完全移至左脚，右脚上步至体前，脚尖点地，成虚步；同时右掌掌心领劲先下落，经右胯侧再向前、向上撩，右手撩与右脚上步同步，协调动作，右脚迈出后以脚尖点地，右掌掌心向上伸至体前，与腹同高；左掌下落与右臂相交，手指如号脉状贴于右腕处（图50、图50附图）。

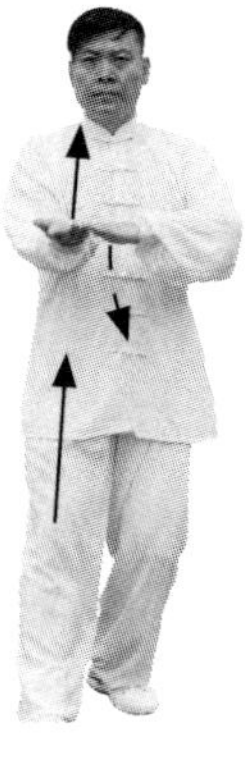

图50

图50附图

起：

右掌握拳，右拳与右膝同时提起，左掌掌心向下，与右拳之势上下对称（图51）。

图51

落：

左掌翻转至掌心向上，右拳与右腿同时下落，右足轻落地震脚，右拳落至左掌心，以右拳背砸掌发声，砸掌与震脚同步（图52、图52附图）。

动作要领：立身中正，沉肩坠肘，动作连贯，自然放松。

图52

图52附图

第3式　懒扎衣

双手小圈：

左掌右拳相合，同时沿左、上、右、下方向在小腹前划小圈（图53）。

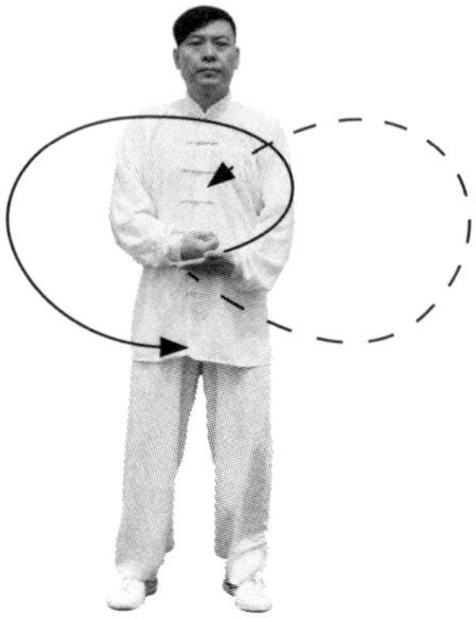

图53

双臂大圈：

接上势，右拳变掌沿左、上、右、下、左方向伸展手臂在体前划大圈；左掌沿右、下、左、上、右方向伸展手臂划大圈（图54～图57）。

图54

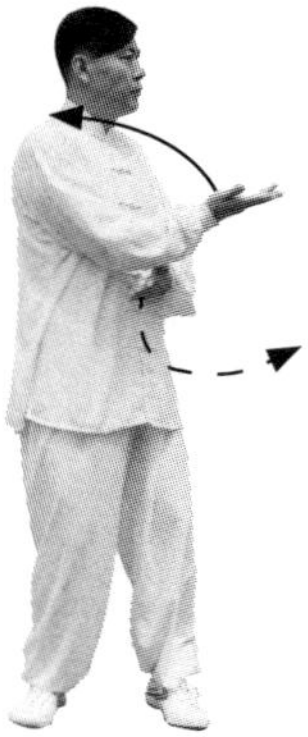

图55

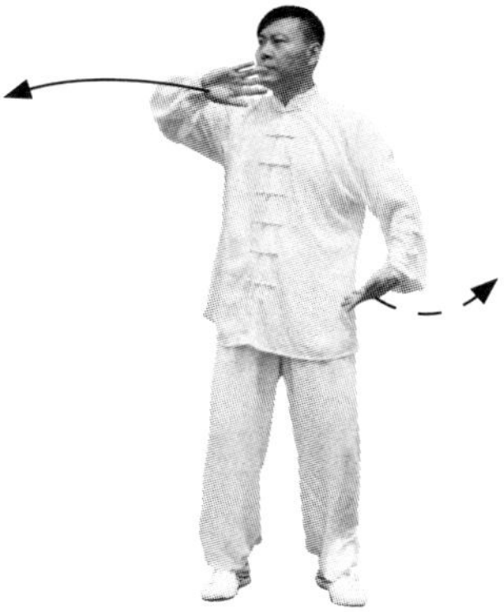

图56

图57

左合：

双臂各自划圈，在左前方左右前臂相交合住，左手掌心向右，护右腮，右手掌心向左，护左胯；同时重心左移，收右脚提至左脚旁边，右脚尖点地（图58）。

图58

右跨：

右脚向右（正西）跨一大步，跨步时脚尖略上提，脚跟擦地跨步，跨步到位后，右脚全脚掌落地踩实（图59）。

重心向右移动，右臂以拇指及桡骨领劲，向右转并沿右前方45°（西南方向）上举，然后向右前方展开，推出，翻掌坐腕；同时左手自然下落至小腹前，掌心向上。定式时身体重心略下沉，右腿六分劲，左腿四分劲（图60）。

动作要领：各式均须注意前述各项要领，松静自然，先注意外形，由外引内，循序渐进。

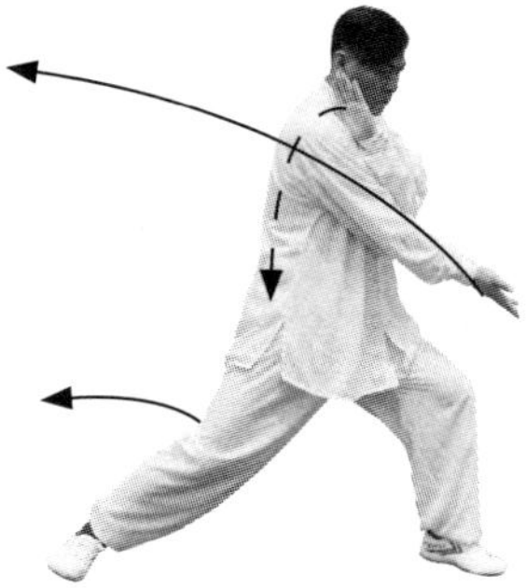

图59

图60

第4式　六封四闭

落：

双掌均向左胯方向自然放松弧形下落，右掌下落速度较快，左掌下落速度较慢（图61）。

图61

转：

身体随双掌左转至面向东南方向。

托：

双掌于左胯部位，变掌心向上，向着东南方向由下向上方托起至颈部高度，如双手捧起一物的感觉（图62）。

图62

收：

重心转移至右脚，左脚收至右脚旁边，左脚尖点地；转移重心的同时，双掌高度不变，屈臂收回双掌，捧在面前，指尖向上，与颈同高（图63）。

图63

转：

身体右转至面向西南方向，双臂维持屈曲姿势，双掌翻转，指尖指向颈部，掌心面向右前下方，双掌分别位于颈部两侧前方（图64）。

图64

按：

双掌向右前方，即西南方向，沿斜下方向下按，虎口相对，坐腕，定势时双掌与小腹同高，双臂伸直但肘部略微弯曲（图65）。

动作要领：松静自然，先注意外形，由外引内，循序渐进。

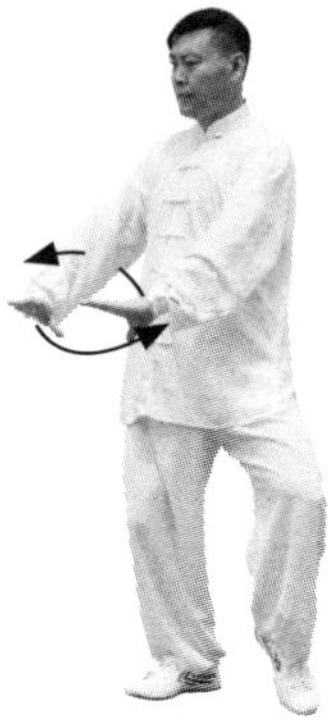

图65

第5式　单鞭

转：

双掌沿逆时针方向在水平平面上各自旋转，左掌在上，右掌在下，至两手腕交叉时，两掌同时上翻，成掌心向上，变成左掌在下，右掌在上（图66、图67）。

图66

图67

提：

右掌变成勾手（拇指与食指中指相捏住，无名指与小指顺序贴住中指）沿左掌尖方向向西南方向上提至与肩同高；左膝同时上提；左掌置于小腹前，掌心向上（图68）。

图68

落：

重心下落；同时左脚跟擦地向左跨出一大步，跨步到位后全脚掌落实（图69）。

图69

推：

重心左移；同时左掌掌心向内、掌背向外沿拇指方向向左平移至左前方，即东南方向，全身重心略下沉，同时翻转左掌至掌心向外推掌；右勾手微动配合左掌，与之对称。定式时左腿六分劲，右腿四分劲（图70～图72）。

图70

图71

图72

第6式　第二金刚捣碓

小圈：

右手变掌，双掌沿右、下、左、上顺时针划小圈。

大圈：

双手继续沿右、下、左划大圈，同时左脚跟着地，左脚尖提起外摆，为身体左转做好准备（图73、图74）（为防止膝盖损伤，负重腿的脚尖指向应与膝盖所指方向基本相同。所以需要在动作过程中，做好预先准备和实时调整脚尖位置，使重心腿的脚尖指向与膝盖指向基本相同）。

图73

图74

左转：

双手向左移动时，身体顺之左转，转向正东方向。

撩：

以左掌背向正前方（正东方）撩，下盘成左弓步，右掌向后支撑，与左掌前后对称（图75）。

图75

上步：

重心全部移至左脚，右脚提起向前（正东方）迈出，同时右掌掌心领劲先下落，经右胯侧再向前、向上撩，右手撩与右脚迈步同步协调动作，右脚迈出后以脚尖点地，右掌掌心向上伸在体前，与腹同高，左掌下落与右臂相交，手指如弓脉状贴于右腕部位（图76）。

图76

起：

右手握拳，右拳右膝同时向上提起，左掌下按，掌心向下，右拳与左掌有对拉拔长之意（图77）。

图77

落：

左掌翻转至掌心向上，右拳与右腿同时下落，右足轻落地震脚，右拳落至左掌心，以右拳背砸掌发声，砸掌与震脚同步（图78）。

图78

第7式　白鹤亮翅

双手小圈（如懒扎衣）：

左掌右拳相合，同时沿左、上、右、下方向在小腹前划小圈（图79）。

双臂大圈（如懒扎衣）：

接上势，右拳变掌沿左、上、右、下、左方向伸展手臂在体前划大圈；左掌沿右、下、左、上、右方向伸展手臂划大圈（图80）。

图79

图80

左合右跨：

身体左转45° ，面向东北，双臂各自划圈，在左前方左右前臂相交合住，左手掌心向右，护右腮，右手掌心向左，护左胯；同时重心左移，收右脚提至左脚旁边，右脚尖点地。右脚向右（即东南方向）横跨一步，跨步后右脚落实，重心右移，直至完全移至右脚。然后左脚跟步，脚尖点地。在重心右移的过程中，右掌向右上方向上撑，上撑过程中掌心向内，定式后掌心向外向上；同时左掌下落，置于左胯侧，坐腕下按，掌心向下，右上左下用劲有对称之意（图81、图82、图82附图）。

图81

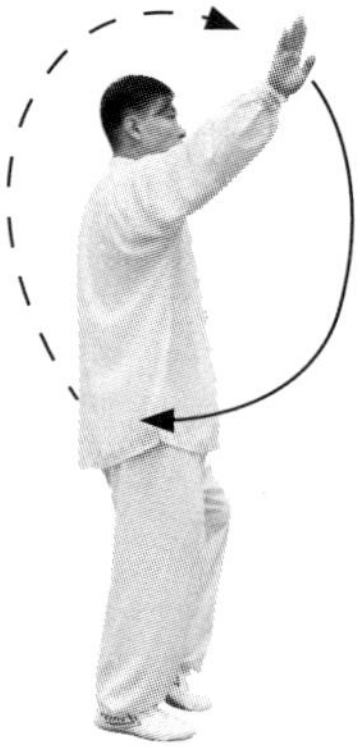

图82

图82附图

第8式　斜行拗步

左上右下：

身体略左转再略右转；右手随身体转动，在手背引领下先向左再向右自然弧形下落；同时，左手随身体转动，先向左再向右沿弧线上举至与额头同高（图83）。

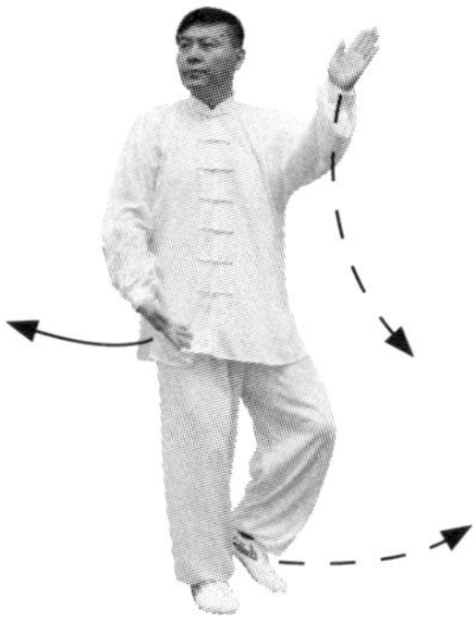

图83

左手大弧线：

左手在手背引领下接前面动作顺势自然弧形下落，落至左胯旁；同时，左脚向东北方向上步；左手在左脚迈步同时，成勾手沿左脚方向提起，至与肩同高（图84）。

合：

右掌掌心面向左手勾手，掌根领劲提起至左勾手旁；同时重心左移，成左弓步（图85）。

图84

图85

开：

双手手形不变，分开向身体两侧外撑至双臂基本对称，重心移至两脚中间，面向东南方向。定势时，重心略下沉，气沉丹田，有八面支撑之感（图86、图87、图87附图）。

图86

图87

图87附图

第9式 初收

落：

图88

双手成掌，双掌向左蓄劲后，顺时针向右划弧，再顺势向下划弧，双掌下落的同时，收右脚至左脚后约半步远的位置（图88）。

收：

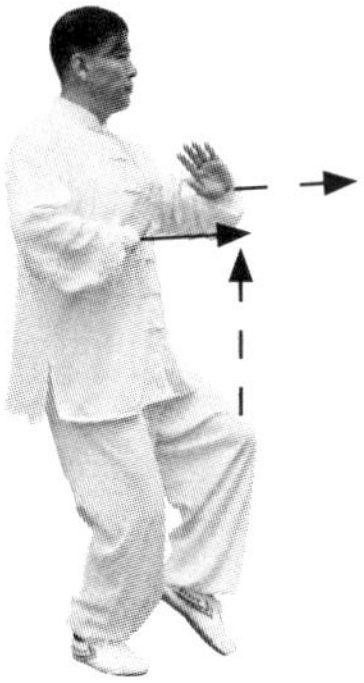

图89

双手掌心向上，捧起，两肘自然下垂，上臂垂在体侧，前臂水平，同时收左脚至右脚前，脚尖点地（图89）。

推：

提左膝，左脚尖自然下垂。向正东方向，前推双掌，左掌在前，右掌在后，双臂伸直，略屈，沉肩坠肘。身体躯干正面面向东南方向（图90、图90附图）。

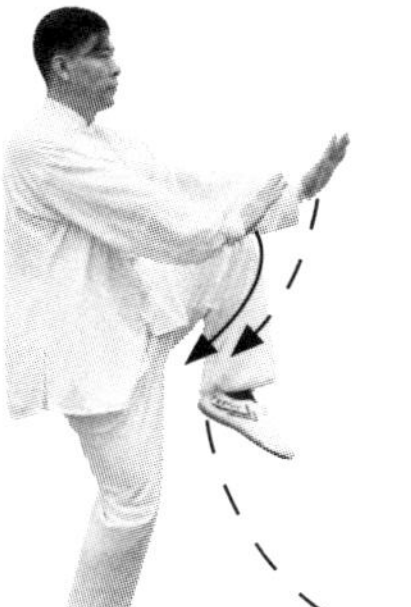

图90

图90附图

第10式　前蹚拗步

落：

左脚下落同时前迈。

挤：

双掌自体前弧形下落，落至胯前贴合，左掌在外，右掌在内，双掌掌心向内，然后在体前沿弧形上移至胸前，双掌距离胸前约一拳距离。接着重心前移至左脚成左弓步；同时双掌贴合向前挤（图91、图92、图92附图）。

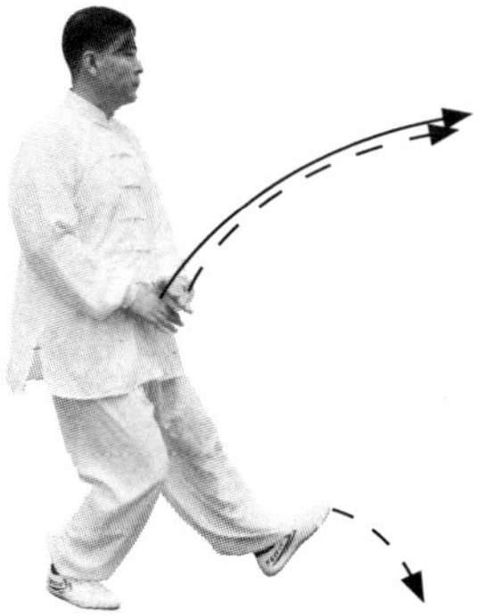

图91

图92

图92附图

开：

重心向后移至右腿，移动重心过程中，双掌向身体两侧分开（图93）。

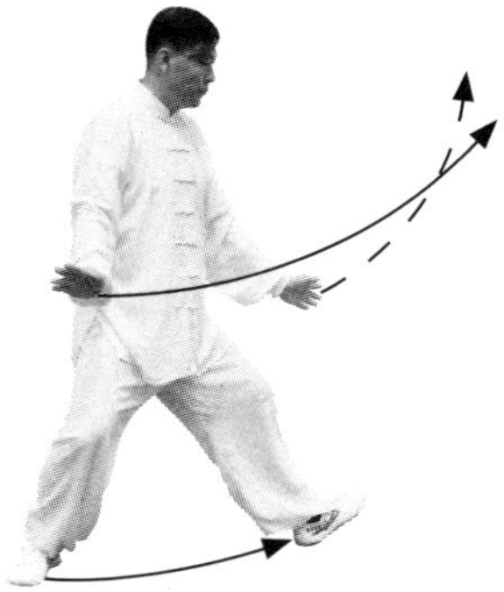

图93

合：

重心移至右腿后，左脚尖外撇。随即身体左转至东北方向，重心移至左脚；右脚跟步至左脚旁边；双臂于胸前十字交叉，左掌在内，右掌在外，掌心向内（图94）。

图94

开：

右脚向右侧横向跨步，迈向东南方向，右脚着地后重心右移至两腿之间；同时，双掌翻掌至掌心向外，向身体两侧打开外撑（图95、图96、图96附图）。

图95

图96

图96附图

第11式　第二斜行拗步

过渡势：

双手略向左蓄劲，随后双掌掌心向右向外，双臂整体向右划弧，重心移至右脚，身体右转90°，身手相随，面向东南方向。重心移至右脚后，左脚跟步至右脚旁，脚尖点地（图97～图99）。

图97

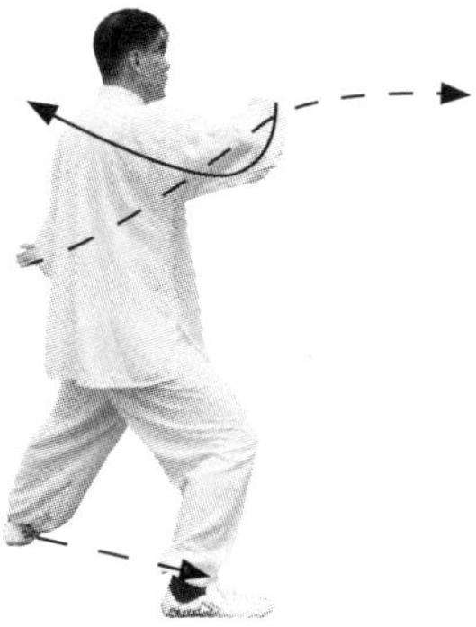

图98

图99

左手大弧线：

左掌先略向右划弧至体前，随后以掌背领劲弧形自然下落至左胯旁。左脚向东北方向上步；左手在左脚迈步同时，成勾手沿左脚方向提起，至与肩同高（图100）。

图100

合：

同时，右掌随着左掌也先略向右划弧，然后掌根领劲随着左掌弧形下落，随后掌心面向左手勾手，继续掌根领劲，随着左勾手提起至左勾手旁，同时重心左移，成左弓步（图101）。

图101

开：

双手手形不变，分开向身体两侧外撑，至双臂基本对称；重心移至两脚中间，面向东南方向。定势时，重心略下沉，气沉丹田，有八面支撑之感（图102）。

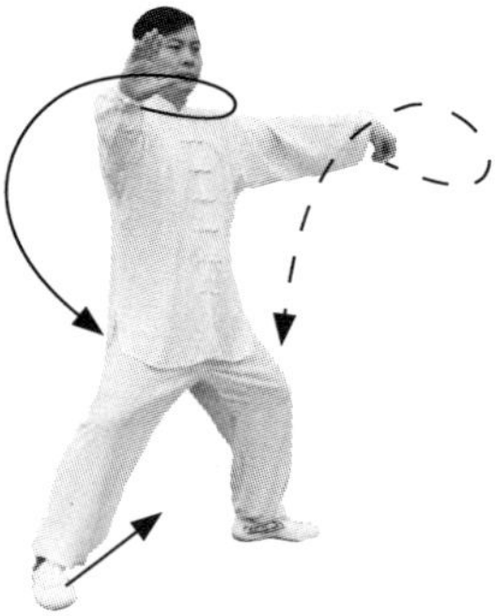

图102

第12式　再收

落：

双手成掌，双掌向左蓄劲后，顺时针向右划弧，再顺势向下划弧，双掌下落的同时，收右脚至左脚后约半步远的位置（图103）。

图103

收：

双手掌心向上，捧起，两肘自然下垂，上臂垂在体侧，前臂水平，同时收左脚至右脚前，脚尖点地（图104）。

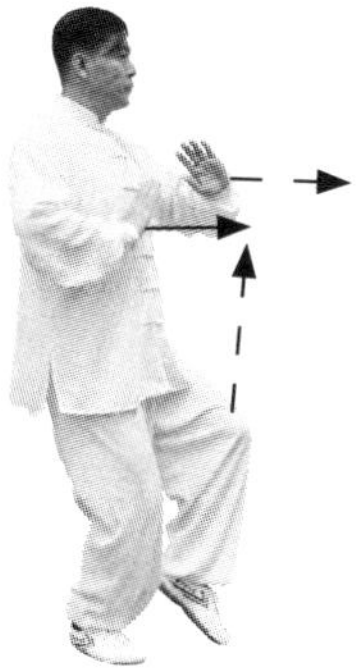

图104

推：

提左膝，左脚尖自然下垂。向正东方向，前推双掌，左掌在前，右掌在后，双臂伸直，略屈，沉肩坠肘。身体躯干正面面向东南（图105）。

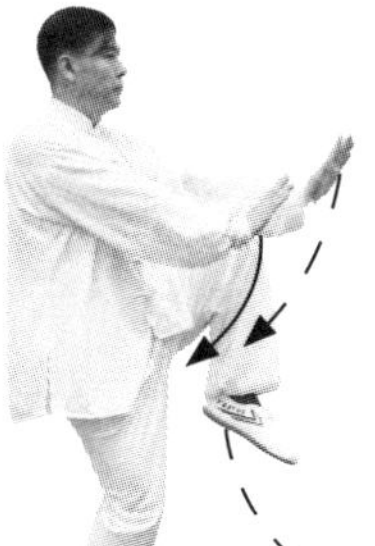

图105

第13式　前蹚拗步

挤：

左脚下落同时向前迈，双掌自体前弧形下落，落至胯前贴合，左掌在外，右掌在内，双掌掌心向内，然后在体前沿弧形上移至胸前，双掌距离胸前约一拳距离。接着重心前移至左脚成左弓步；同时双掌贴合向前挤（图106、图107）。

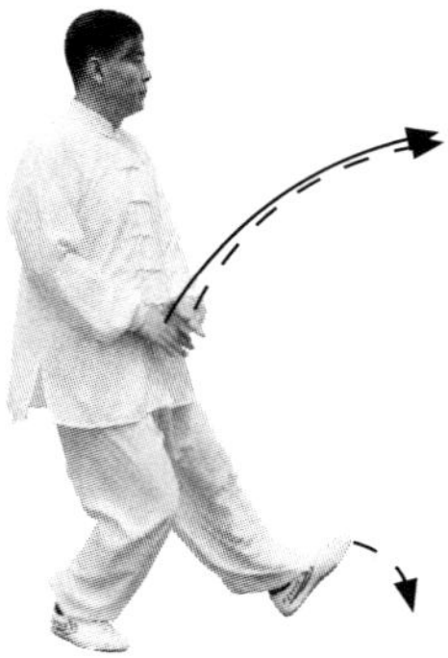

图106

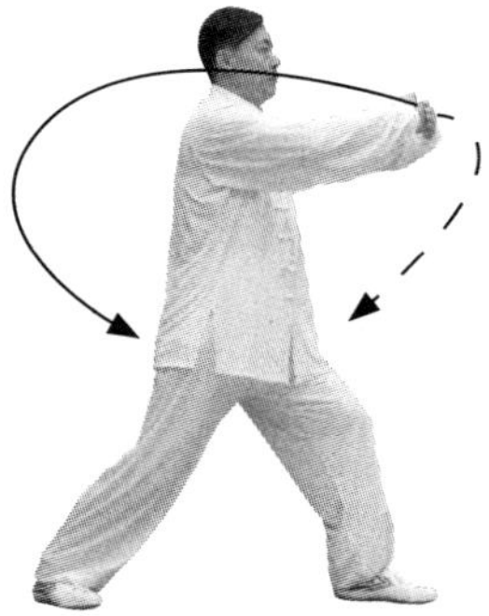

图107

开：

重心向后移至右腿，移动重心过程中，双掌向身体两侧分开（图108）。

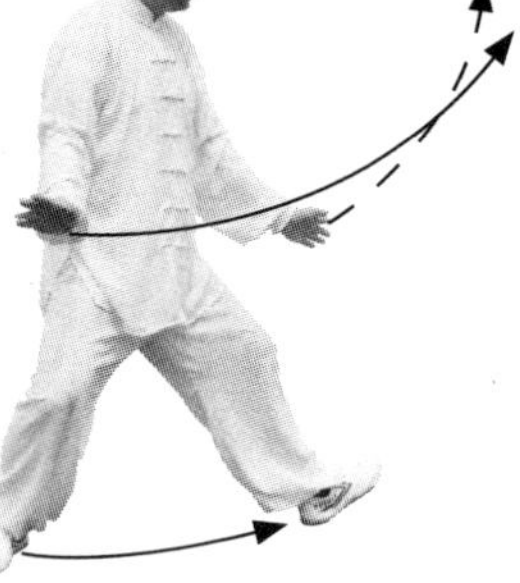

图108

合：

重心移至右腿后，左脚尖外撇。随即身体左转至东北方向，重心移至左脚；右脚跟步至左脚旁边；双臂于胸前十字交叉，左掌在内，右掌在外，掌心向内（图109）。

图109

开：

右脚向右侧横向跨步，迈向东南方向，右脚着地后重心右移至两腿之间；同时，双掌翻掌至掌心向外，向身体两侧打开外撑（图110、图111）。

图110

图111

第14式　掩手肱捶

图112

提：

双手收于腹前，约与心口窝同高，左手成掌，掌心向下，右手成拳，拳心向下，左掌盖住右拳拳背；同时，重心移至左腿，提起右膝（图112）。

图113

转：

身体略左转蓄劲，后左脚尖略提起，以左脚跟为轴，整体右转90°，面向东南方向（图113）。

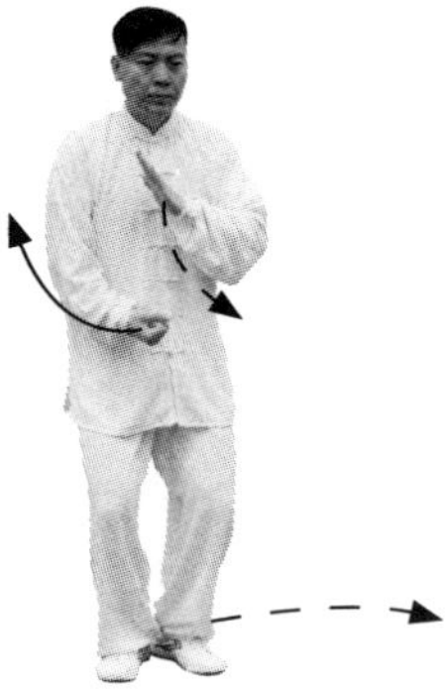

图114

震：

右脚下落震脚，同时右拳翻转拳背至向下，下落发力砸右拳。震脚砸拳同步（图114）。

伸：

重心移至右腿，向西南方向伸右掌，掌心向东南方向，左掌随右掌略前伸，掌心向右，右掌在前，左掌在后，约在右肘位置，同时向东北方向伸直左腿（图115）。

图115

左转：

右掌掌心向左，右臂向左横拨，左掌掌背向左，随右臂向左横拨，重心移向左侧，身手相随。双臂移至身体左侧，左掌在前，右掌在后，双掌拇指均向上，右掌约在左肘位置（图116、图117）。

图116

图117

右转：

左手变成八字掌，拇指和食指伸开，其余手指弯曲收拢在掌心，如同用手指示意数字“八”，左臂直臂向右横拨至体前，同时翻转掌心至向下，右掌同时握成拳，随左臂横拨，屈臂收至小腹前，翻转至拳心向上。左手八字掌及右拳均面向东南方向。同时重心右移成右侧弓步（图118）。

图118

冲拳：

右手伸出向东南方向冲拳，冲拳过程中手臂旋转至拳心转向下，左掌收回至左腰侧，八字掌翻转至掌心向上。同时重心左移成左侧弓步（图119、图119附图）。

图119

图119附图

第15式　第三金刚捣碓

双手变成掌，右掌向上再向右划弧至身体右侧，掌心向外。左掌向下再向左划弧至身体左侧，掌心向内。同时重心右移成右侧弓步（图120）。

图120

双掌沿上个动作弧形轨迹继续划弧，右掌经体前移至左胯侧，左掌经脸前移至右腮侧，双臂的前臂部位相交贴合。身体重心左移至完全由左腿支撑，右脚收回左脚侧，脚尖点地。躯干面向东南方向（图121）。

右脚向后（西北方向）伸出，重心后移到右腿，左腿成虚步。躯干方向转向西南。同时双臂继续划弧，右掌掌根领劲向上、向后、向下划弧，左掌掌背领劲向下、向前、向上划弧（图122）。

图121

图122

上步：

重心全部转移至左脚，右脚提起向前（正南方）迈出，同时右掌掌心领劲先下落，经右胯侧再向前、向上撩，右手撩与右脚迈步同步协调动作，右脚迈出后以脚尖点地，右掌掌心向上伸在体前，与腹同高，左掌下落与右臂相交，手指如号脉状贴于右腕部位（图123）。

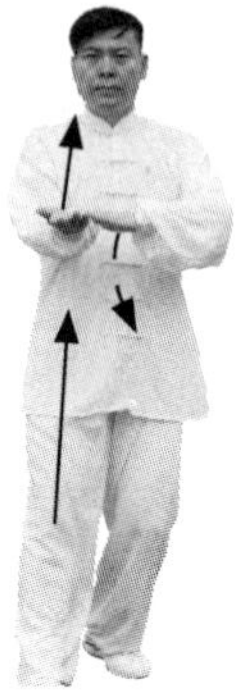

图123

起：

右手握拳，右拳右膝同时向上提起，左掌下按，掌心向下，右拳与左掌有对拉拔长之意（图124）。

图124

落：

左掌翻转至掌心向上，右拳与右腿同时下落，右足轻落地震脚，右拳落至左掌心，以右拳背砸掌发声，砸掌与震脚同步（图125）。

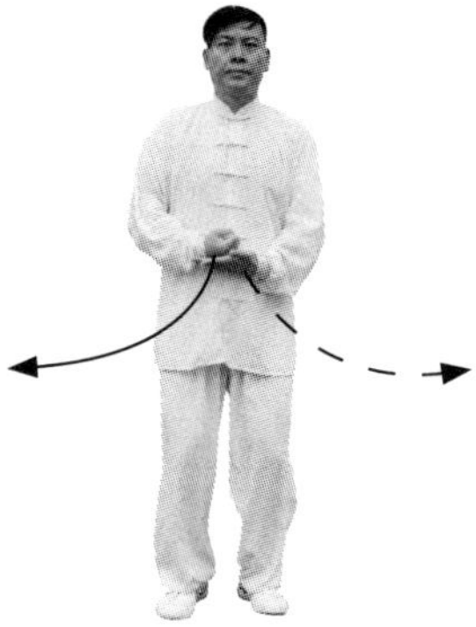

图125

第16式　十字手

重心移至左腿，右脚以脚跟内侧擦地，向右横向跨步迈出；同时，双手自然下落后弧形分开至身体两侧（图126）。

双掌沿弧形轨迹继续划弧至两前臂于胸前交叉，左掌心向右，右掌心向左，左掌在内，右掌在外；同时，重心移至两腿之间成马步（图127）。

图126

图127

第17式　披身捶

身体右转45°，转腰至面向西南方向，右腿六分劲、左腿四分劲；同时，双掌右移至身体右前方，即西南方向，右掌在前，左掌在后，左掌位于右臂肘部位置（图128）。

图128

左转腰至面向东南方向，重心向左移动至左腿六分劲、右腿四分劲；同时，两手握成拳，右臂左移，以尺骨侧领劲，前臂基本保持竖立状态；左臂左移，以肘领劲，前臂基本保持水平状态（图129）。

双臂同时运动，右前臂下落由竖立状态转为水平状态，左前臂向上举由水平状态转为竖立状态。随后，向右转腰至面向西南方向，重心向右移动至右腿六分劲、左腿四分劲；同时，左臂右移，以尺骨侧领劲，左前臂基本保持竖立状态；右臂右移，以肘领劲，右前臂基本保持水平状态（图130、图131）。

图129

图130

图131

双臂再同时运动，左前臂由竖立状态下落转为水平状态，右前臂向上举起至与额头同高（图132）。

图132

身体左转至面向东南方向，身体重心向左移至左腿六分劲、右腿四分劲；右拳由位于身体右前方的位置，自然弧形下落，经体前再弧形上举至东南方向，置于右侧额头太阳穴附近；在右拳自右向左划弧的过程中，左臂由肘部领劲横向移至左腰侧（图133、图134）。

图133

图134

身体重心右移，以右肩和右胯同时领劲向右使靠劲；同时右臂以肘领劲向右肘击；左拳位置保持在左腰部位，左臂肘部向体前击打。定势时，右拳位于右眉弓附近，拳心向前。右腿七分劲、左腿三分劲（图135、图136）。

图135

图136

第18式　青龙出水

左拳横击：

重心保持在右腿，身体整体向右旋转，左臂伸直略弯，左拳拳眼向右，向右平抡，抡至右前方45°，即西南方向，与眼同高；同时右臂先以肘领劲，自然下落，肘落下后，右拳继续下落，直至右臂伸直略弯（图137～图139）。

图137

图138

图139

右拳横击：

身体左转，同时重心向左移动成左弓步；下落的右拳沿弧线继续划弧，以拳眼领劲，击向右前方，即西南方向，与眼同高；左拳收回至左腰侧，拳心向上。此时，左腿七分劲、右腿三分劲。躯干面向左前方，即东南方向（图140）。

图140

左八字掌下击：

身体右转，同时重心向右移动。

左掌成八字掌，自左腰间击向右下方；同时，右拳收至左胸部，拳心向上。

此时，右腿七分劲、左腿三分劲。躯干面向右前方，即西南方向（图141）。

图141

右拳下击：

身体左转，同时重心向左移动；同时，右拳以小指端领劲，击向右下方，即西南方向；左八字掌回收至左腰侧。此时，左腿七分劲、右腿三分劲。躯干面向左前方，即东南方向（图142）。

图142

第19式　双推手

重心先右移，然后左脚尖外摆左转，同时身体左转至面向东，再把完全重心移至左腿，右脚提至左脚旁，脚尖点地；同时，双手成掌，移至胸前，掌心相向，指尖向上，双掌相距约半尺，双掌的拇指距离胸部约一拳距离（图143）。

图143

右脚脚跟擦地先前迈一大步，然后重心前移成右弓步；同时，沉肩坠肘，双掌前推。定势时，两臂伸直略弯，掌心向前，坐腕，掌跟发力，指尖向上（图144、图144附图、图145、图145附图）。

图144

图144附图

图145

图145附图

第20式　三换掌

重心缓慢后移，成右虚步；同时，右掌旋转成掌心向下，小指侧向前，左掌旋转成掌心向上，小指侧向后（向着自己身体），左掌以小指侧领劲后移，即移向腹前；同时，右掌以小指侧领劲向前撑，双掌成对拉之势，右掌略高于左掌（图146）。

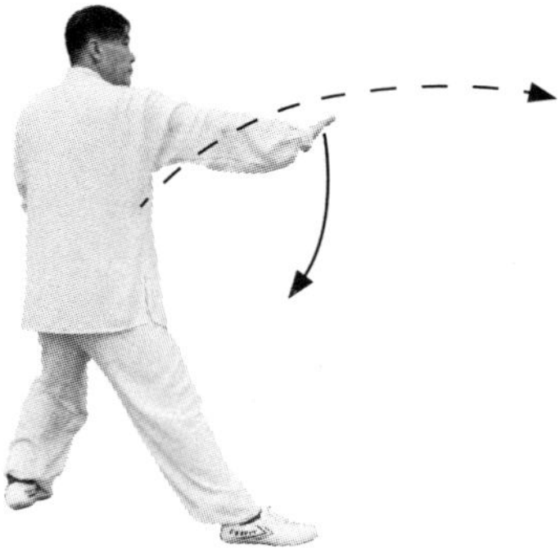

图146

重心再缓慢前移，成右弓步；同时，双掌同时旋转，右掌由掌心向下、小指侧向前变为掌心向上、小指侧向后，左掌由掌心向上、小指侧向后变为掌心向下、小指侧向前，同时由右掌略高于左掌变为左掌略高于右掌；然后，右掌以小指侧领劲后移，即移向腹前，左掌以小指侧领劲向前移，双掌成对拉之势（图147、图147附图）。

重心再缓慢后移，成右虚步；同时，双掌同时旋转，左掌由掌心向下、小指侧向前变为掌心向上、小指侧向后，右掌由掌心向上、小指侧向后变为掌心向下、小指侧向前，同时由左掌略高于右掌变为右掌略高于左掌；然后，左掌以小指侧领劲后移，即移向腹前，右掌以小指侧领劲向前移，双掌成对拉之势（图148、图148附图）。

图147

图147附图

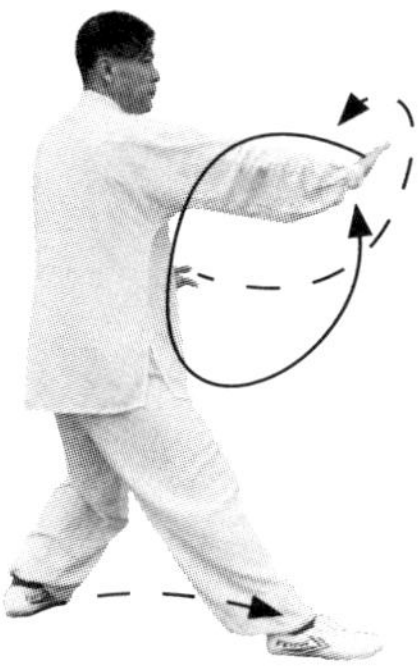
图148

图148附图

第21式　肘底捶

右掌向右略向下，左掌向左略向上，划弧分开，至体前两侧；同时，重心前移成右弓步（图149、图149附图）。

双手继续划弧，左掌向右、向上移至体前正中位置，成立掌，掌心向右，指尖向上；右掌握成拳，向左、向下划弧移动，移至左肘下，右拳眼对准左肘尖；同时，重心完全移至右腿，左脚提起在右脚侧，左脚尖点地（图150、图151、图151附图）。

图149

图149附图

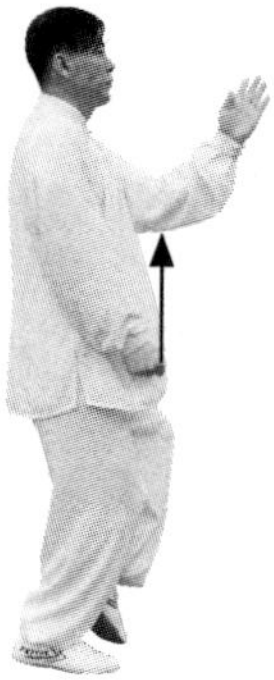
图150

图151

图151附图

第22式　倒卷肱

双手成掌下落，落至胯前，随后向身体两侧分开，再顺势上举至与上腹同高后，向内移至体前，两腕交叉，右手在上在内，左手在下在外，双掌掌心向下。同时，左脚向左后方（西北方向），沿弧形轨迹退步，即先向后，再沿弧形向左后退步。重心仍然完全在右脚。退步时，左脚尖拖地，脚尖在地上形成轨迹如同月牙形（图152）。

双掌下落，随后向身体两侧分开，以掌跟领劲，掌心向下，两掌指尖相对；同时，重心移至两腿中间，成马步（图153）。

图152

图153

双掌顺势上举至与上腹同高后，由身体两侧向身体体前中线内移至上腹前，两腕交叉，左手在上在内，右手在下在外，双掌掌心向下。同时，重心完全移至左脚，右脚沿弧形轨迹先收至左脚边，再沿弧形向右后（西南方向）退步，即先向后，再向右后退步。右脚虚、左脚实，重心仍然完全在左脚。退步时，右脚尖拖地，脚尖在地上形成轨迹如同月牙形。双掌下落，然后向身体两侧分开，以掌跟领劲，掌心向下，两掌指尖相对。同时，重心移至两腿中间，成马步（图154、图155）。

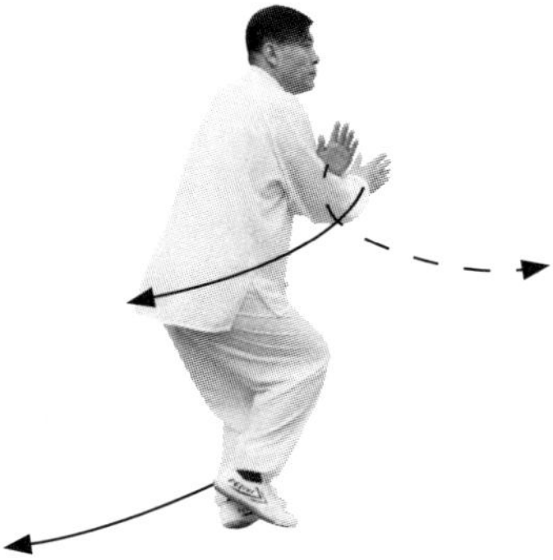

图154

图155

双掌顺势上举至与上腹同高后，由身体两侧向身体体前中线内移至上腹前，两腕交叉，右手在上在内，左手在下在外，双掌掌心向下。同时，重心完全移至右脚。左脚沿弧形轨迹先收至右脚边，再沿弧形向左后（西北方向）退步，即先向后，再向左后退步。左脚虚、右脚实，重心仍然完全在右脚。退步时，左脚尖拖地，脚尖在地上形成轨迹如同月牙形。双掌下落，然后向身体两侧分开，以掌跟领劲，掌心向下，两掌指尖相对。同时，重心移至两腿中间，成马步（图156、图157）。

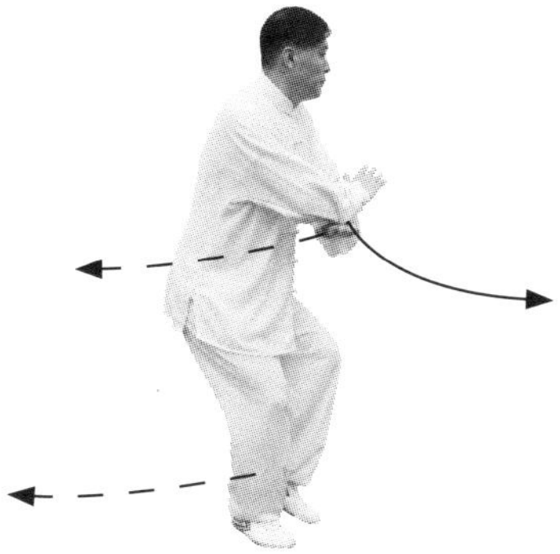

图156

图157

第23式　退步压肘

右手成拳，左手成掌，两手在胸前相交，右拳面抵住左掌，如行抱拳礼状；重心移至左脚，收右脚至左脚旁，右脚尖点地（图158）。

右肘尖旋转向下，随后向右后（西南方向）击打，击打过程中，左掌推右拳面助力；同时，退右脚至斜后方（西南方向），重心右移，右腿七分劲、左腿三分劲。身体面向东南方向（图159～图162）。

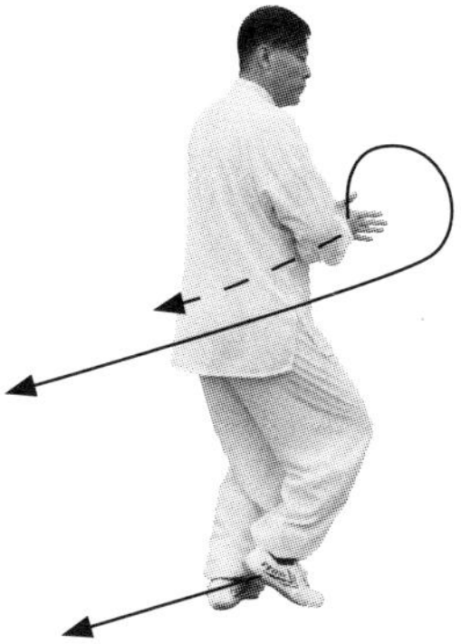

图158

图159

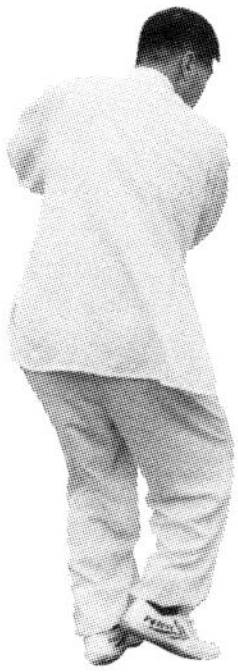

图160

图161

图162

第24式　中盘

重心移至左腿，右手成掌，提右手右膝，右手高度与脸同高，随后右手右腿同时下落，右足震脚，右掌以掌缘侧领劲发力劈掌，劈掌高度与心口同高。重心完全移至右脚，左脚横向跨步，随后左掌上移至胸前，掌心向内，指尖向上，右掌在内，左掌在外（图163、图164）。

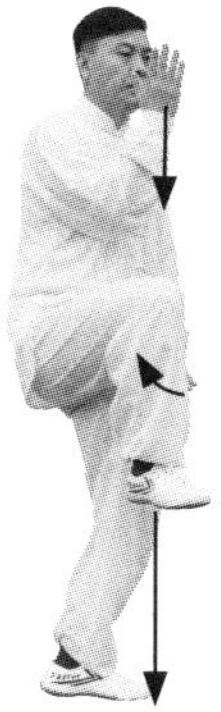

图163

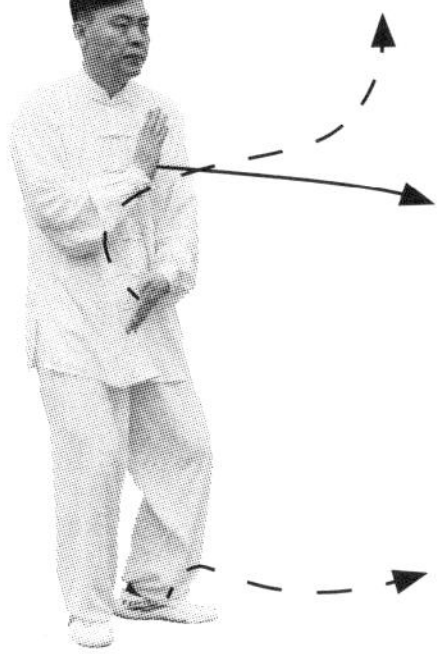

图164

左臂以桡骨侧领劲，向左横拨，右掌前推，重心左移，重心左腿七分劲、右腿三分劲。左臂横拨、右掌前推、重心左移三个动作同步进行，同时到位，一气呵成。身体面向东南方向（图165、图166、图166附图）。

图165

图166

图166附图

第25式　白鹤亮翅

左合：

身体先右转再左转至面向东北；双臂在体前各自划圈，右臂沿上、右、下、左、上方向划圈，左臂沿下、左、上、右、下方向划圈，在左前方左右前臂相交合住，左手掌心向右，护右腮，右手掌心向左，护左胯；同时，重心左移，收右脚提至左脚旁边，右脚尖点地（图167、图168）。

图167

图168

右跨：

右脚向右（东南方向）横跨一步，跨步后右脚落实，重心右移，直至完全移至右脚后，左脚跟步，脚尖点地；在重心右移的过程中，右掌向右上方向上撑，上撑过程中掌心向内，定势后掌心向外向上，同时，左掌下落，置于左胯侧，坐腕下按，掌心向下，右上左下用劲有对称之意（图169、图170）。

图169

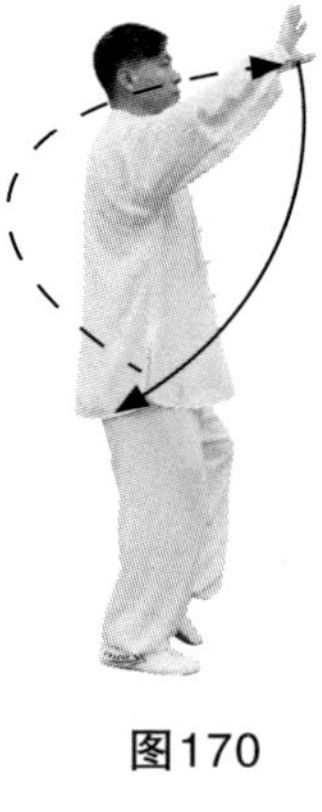

图170

第26式　斜行拗步

左上右下：

身体略左转再略右转；右手随身体转动，在手背引领下先向左再向右自然弧形下落；左手随身体转动，先向左再向右沿弧线上举至与额头同高（图171、图172）。

图171

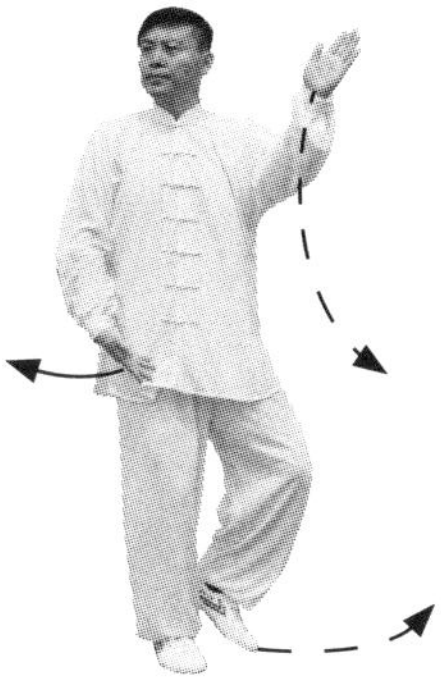

图172

左手大弧线：

左手在手背引领下接前面动作顺势自然弧形下落至左胯。左腿向东北方向上步；左手在左腿迈步的同时，成勾手沿左脚方向提起（图173）。

图173

合：

右掌掌心面向左手勾手，以掌根领劲，提起至左勾手旁；同时，重心左移，成左弓步（图174）。

图174

开：

双手手形不变，分开向身体两侧外撑，至双臂基本对称，重心移至两脚中间，面向东南方向。定势时，重心略下沉，气沉丹田，有八面支撑之感。身体面向东南方向（图175）。

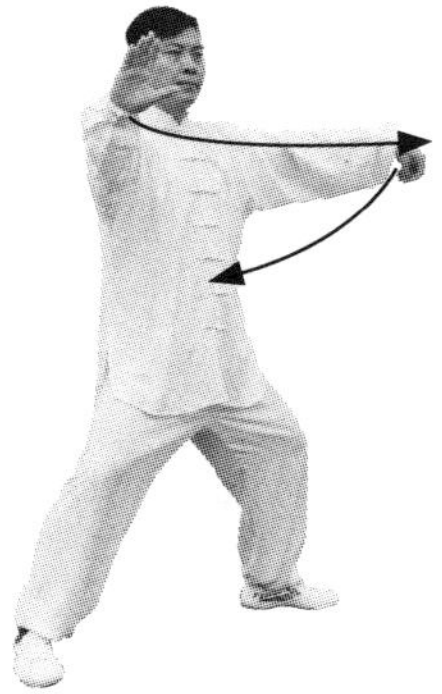

图175

第27式　闪通背

两手成掌，伸展于身体两侧，与胸同高，拇指向上。身体左转至面向东，重心向左腿移动，成左弓步。同时，右臂保持伸展状态，随转体横拨至身体前方，掌心向左，与胸同高。左臂屈臂，左肘自然下坠，左掌收至左腰侧，左掌心向右。随后重心移至右脚，收左脚至右脚侧，左脚尖点地。左臂前伸至身体前方，掌心向右，与胸同高。右臂屈臂，右肘自然下坠，右掌收至右腰侧。重心仍完全在右腿（图176、图177）。

左脚向后退步落实，重心移至左脚，成右虚步。身体左转，同时右肘随着身体转动向左击打，右掌掌心向内，右臂随着身体左转而屈臂内收，以左手迎击右肘，左手掌面拍打右臂背侧（图178、图178附图）。

图176

图177

图178

图178附图

重心移至右脚，左脚提至右脚侧，然后向前迈出。同时，右肘自然下落，右掌随着右肘下落至右胯侧，掌心向上，左掌先略蓄势后前拍，掌心向下。重心仍然在右脚，成左虚步（图179～图181）。

图179

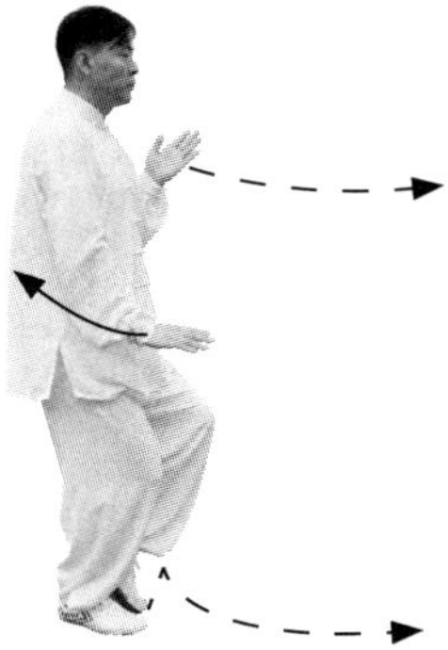

图180

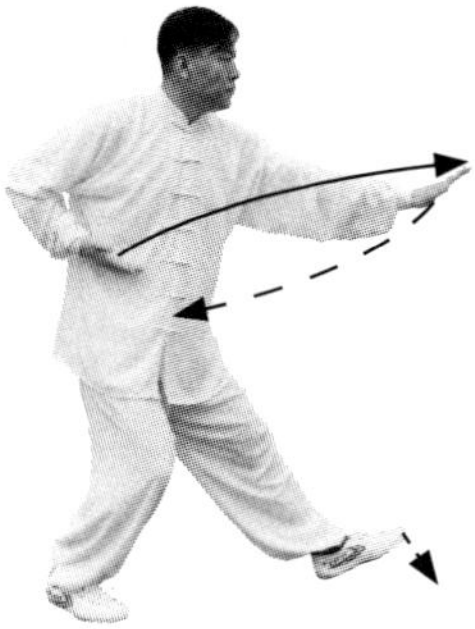

图181

重心前移，成左弓步；同时，右掌前插，与肩同高，掌心朝上；左掌回收下按在左胯侧（图182、图182附图）。

图182

图182附图

身体略右转，左脚尖向右内扣。左掌举起前探，至与右掌同高，掌心向上，右掌掌心旋转向下，右臂略屈略内收，左掌在前右掌在后，两掌相距约一臂距离，两掌有隔空配合之意（图183）。

图183

身体以左腿为轴继续右转，至面向正西方向，右腿向右后扫180° 后站定，重心顺势落至右腿，成左虚步；双臂随身体旋转右转，向右下方下捋，右掌落于右胯前，左掌落在右掌前一臂距离，双掌掌心向下，指尖向前（图184～图186）。

图184

图185

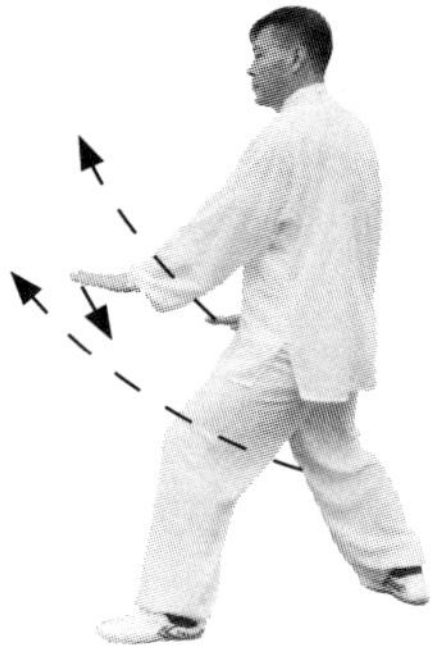

图186

第28式　掩手肱捶

提：

重心移至左腿，提起右膝；同时，右掌托起前插，与咽喉同高，掌心向上，指尖向前（西北方向）；左掌收至左胯侧（图187）。

图187

震：

右脚下落震脚；右掌下落至上腹高度，下劈发力，与震脚同时（图188）。

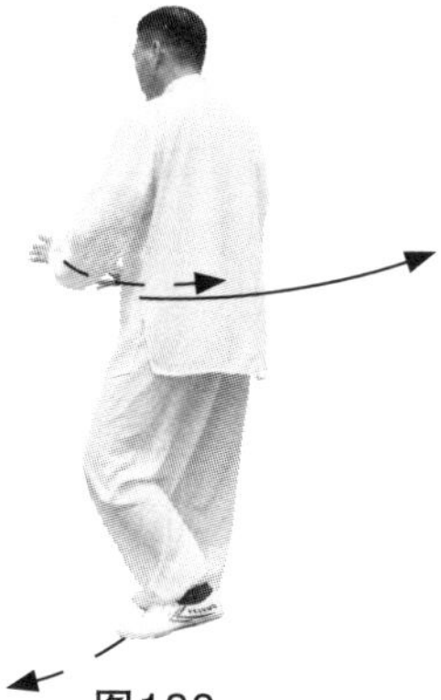

图188

伸：

重心移至右腿，向东北方向伸右掌，掌心向西北方向，左掌随右掌略前伸，掌心向右，右掌在前，左掌在后，约在右肘位置；同时，向西南方向伸直左腿（图189）。

图189

左转：

右掌掌心向左，右臂向左横拨，左掌掌背向左，随右臂向左横拨，重心向左移，身手相随。双臂移至身体左侧，左掌在前，右掌在后，双掌拇指均向上（图190）。

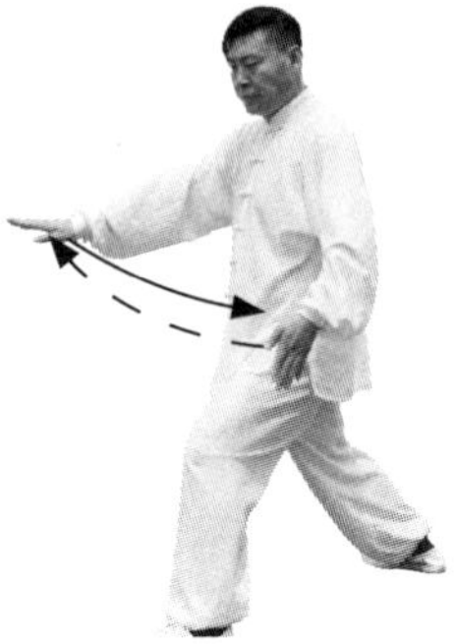

图190

右转：

左手变成八字掌，左臂直臂向右横拨至体前，同时翻转掌心至向下，右掌同时握成拳，随左臂横拨，屈臂收至小腹前，翻转至拳心向上。左手八字掌及右拳均面向西北方向；同时重心右移（图191）。

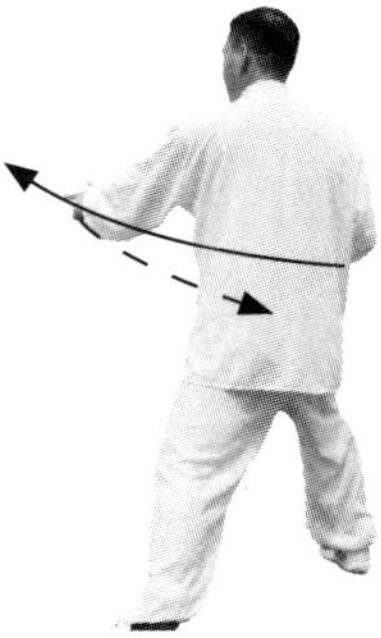

图191

冲拳：

右手伸出向西北方向冲拳，冲拳过程中手臂旋转至拳心转向下；左掌收回至左腰侧，八字掌翻转至掌心向上；同时重心左移（图192）。

图192

第29式　六封四闭

转：

双手成掌，向右略转蓄劲，左脚尖外撇，然后以左脚为轴，身体向左转至面向东南方向，右脚迈步至左脚西北方向，双掌随着身体左转。身手相随（图193～195）。

图193

图194

图195

托：

转至面向东南方向后，双手掌心向上，向着东南方由下向上托起至颈部高度，如双手捧起一物的感觉（图196）。

图196

收：

重心转移至右脚，左脚收至右脚旁边，左脚尖点地；转移重心的同时，双掌高度不变，屈臂收回双掌，捧在面前，指尖向上，与颈同高（图197）。

图197

转：

身体右转至面向西南方向；双臂维持屈曲姿势向两侧打开，双掌翻转，指尖指向颈部，掌心面向右前下方，双掌分别位于颈部两侧前方（图198）。

图198

按：

双掌向右前方，即西南方向，沿斜下方向下按，虎口相对，坐腕。定势时，双掌与小腹同高，双臂伸直，但肘部略微弯曲（图199）。

图199

第30式　单鞭

转：

双掌沿逆时针方向在水平面上各自旋转，左掌在上、右掌在下，至两手腕交叉时，两掌同时上翻，成掌心向上，变成左掌在下、右掌在上（图200、图201）。

图200

图201

提：

右掌变成勾手，沿左掌尖方向向西南方向上提至与肩同高；左膝同时上提；左掌置于小腹前，掌心向上（图202）。

图202

落：

重心下落，同时左脚跟擦地向左（东南方向）跨出一大步，跨步到位后全脚掌落实（图203）。

图203

推：

重心左移，同时左掌掌心向内、掌背向外，沿拇指方向向左平移至左前方，即东南方向，全身重心略下沉；同时翻转左掌至掌心向外，推掌。右勾手微动配合左掌，与之对称。定势时左腿六分劲、右腿四分劲（图204、图205）。

图204

图205

第31式　云手

云手预备势

落：

双手成掌，右手下落划弧至左手下方，至左胯侧（图206）。

图206

换：

两手在身体左侧上下交换，由左手在上、右手在下变为左下右上（图207）。

图207

移：

两手平行向右移动至身体右侧，两手平移时，头部同时转动，目光与手的发力发向一致，目光略早于动作，起到引导作用，身手相随；同时，左脚右移半步至两脚与肩同宽位置（图208）。

图208

云手一

换：

两手在身体右侧上下交换，左下右上变为左上右下，右手向下、左手向上运动时，右手在身体远端（外侧），左手在靠近身体的位置（内侧）；重心向左（左腿）移动（图209）。

图209

插：

两手平行向左移动，平移时头部同时转动，手眼相随；同时，重心左移至左腿，右脚抬起左移至左脚左后方（倒插步）（图210）。

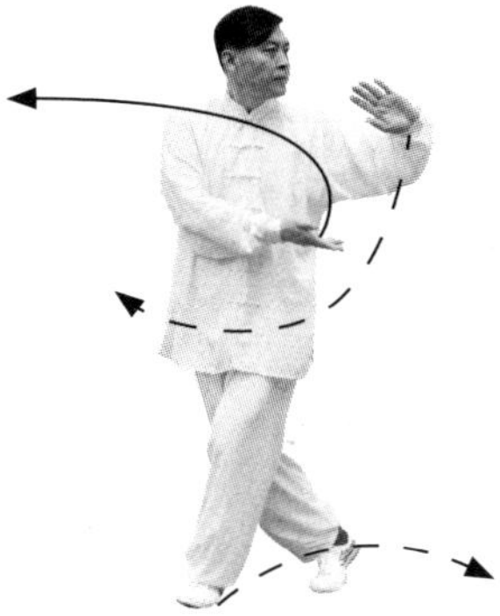

图210

换：

两手移至身体左侧上下交换，左上右下变为左下右上，左手向下、右手向上运动时，左手在身体远端（外侧），右手在靠近身体的位置（内侧）；重心向左（右腿）移动（图211）。

图211

移：

两手平行向右，平移时头部同时转动，手眼相随；同时，重心移至右腿，左脚抬起左移至两脚与肩同宽位置（图212）。

图212

云手二

换：

两手在身体右侧上下交换，左下右上变为左上右下，右手向下、左手向上运动时，右手在身体远端（外侧），左手在靠近身体的位置（内侧）；重心向左（左腿）移动（图213）。

图213

插：

两手平行向左移动，两手平移时头部同时转动，手眼相随；同时，重心左移至左腿，右脚抬起左移至左脚左后方（倒插步）（图214）。

图214

换：

两手移至身体左侧上下交换，左上右下变为左下右上，左手向下、右手向上运动时，左手在身体远端（外侧），右手在靠近身体的位置（内侧）；重心向左（右腿）移动（图215）。

图215

移：

两手平行向右，平移时头部同时转动，手眼相随；同时，重心移至右腿，左脚抬起左移至两脚与肩同宽位置（图216）。

图216

云手三

换：

两手在身体右侧上下交换，左下右上变为左上右下，右手向下、左手向上运动时，右手在身体远端（外侧），左手在靠近身体的位置（内侧）；重心向左（左腿）移动（图217）。

图217

插：

两手平行向左移动，平移时头部同时转动，手眼相随；同时，重心左移至左腿，右脚抬起左移至左脚左后方（倒插步）（图218）。

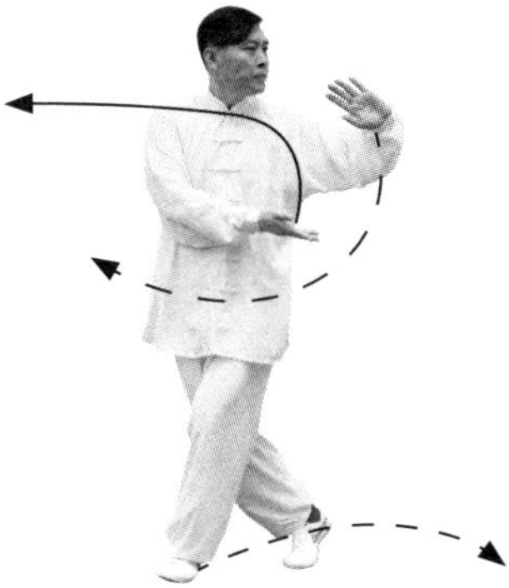

图218

换：

两手移至身体左侧上下交换，左上右下变为左下右上，左手向下、右手向上运动时，左手在身体远端（外侧），右手在靠近身体的位置（内侧）；重心向左（右腿）移动（图219）。

图219

移：

两手平行向右，平移时头部同时转动，手眼相随；同时，重心移至右腿，左脚抬起左移至两脚与肩同宽位置（图220）。

图220

第32式　高探马

转：

左脚尖外撇，双手在身体右侧隔空合住，右手掌心向上，左手掌心向下，两掌相距一臂距离，如双掌共同握住一个人手臂状，随后身体左转至面向东，同时重心左移，双掌保持隔空合住的状态，在身体右侧经体前向左侧翻转（因身体已转至面向东，双掌在翻转后，在身体正前方），经过体前时，右掌与额头同高，左掌与胸部同高，翻转后，左掌掌心向上、右掌掌心向下，右掌在前、左掌在后，两掌依旧相距一臂距离，如双掌共同握住一个人手臂状，双掌与心口窝同高。动作到位时成左弓步（图221～图223、图223附图）。

图221

图222

图223

图223附图

托：

身体右转至面向南方，重心移至右腿，成左侧虚步；同时，两手略下落后，分开至身体两侧，手心向上托起（右掌高，左掌低）。目视右手（图224）。

图224

收：

身体再左转至面向东，右掌托起后屈臂下落至右耳附近，收左脚至右脚旁。目视前方（图225）。

图225

推：

左脚继续移动，后撤一步，重心后移至左腿，成右虚步；右掌自耳侧掌心向前下推至体前，与胸同高；左掌掌心向上收回至腹前（图226、图226附图）。

图226

图226附图

第33式　右擦脚

交叉：

身体略左转至面向北，左脚向前（东）上步，左脚尖向北并下蹲成歇步，两腿形成十字交叉；同时，两手在体前抱住形成十字交叉，双掌掌心向内，与胸同高，右掌在外、左掌在内（图227、图227附图）。

图227

图227附图

踢：

重心移至左腿，身体直立站起，顺势右腿向右（东）踢，踢腿时脚面自然展平。同时，双手分开先向上划弧，掌心翻转为向外，再向身体两侧分开，右手掌心向下拍击向上踢的右脚脚面，拍击发声（图228、图229、图229附图）。

图228

图229

图229附图

第34式　左擦脚

交叉：

右脚下落时身体右转至面向南，右脚落地后，落至左脚前（东），脚尖向南，左腿与右腿形成十字交叉，下蹲成歇步；同时，两手在体前抱住，形成十字交叉，双掌掌心向内，与胸同高，左掌在外、右掌在内（图230～图232、图232附图）。

图230

图231

图232

图232附图

踢：

重心移至右腿，身体直立站起，顺势左脚向左（东）踢，踢腿时脚面自然展平；同时，双手分开先向上划弧，掌心翻转为向外，再向身体两侧分开，左手掌心向下拍击向上踢的左脚脚面，拍击发声（图233、图234、图234附图）。

图233

图234

图234附图

第35式　蹬一跟

转：

左脚上踢后下落，落地前再次提膝，同时以右脚为轴，借提膝的惯性，顺势身体左转180°，小腿悬空，脚尖自然下垂；双掌在胸前十字交叉，右掌在内、左掌在外，双掌掌心向内（图235、图236）。

图235

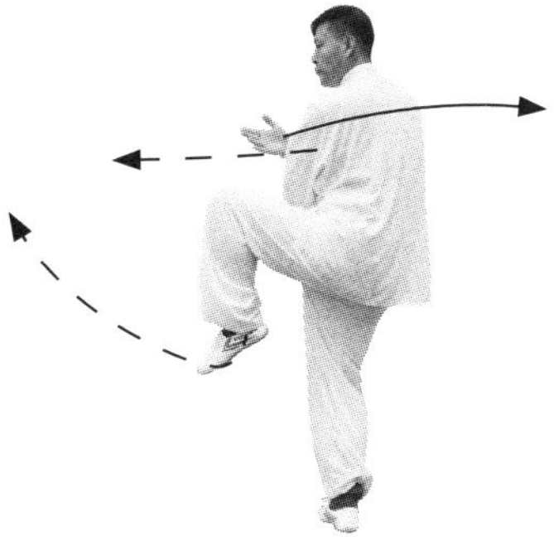

图236

蹬：

左脚脚尖上勾，双掌掌心翻转向外。随后，左脚向左（正西方向）蹬出，脚尖勾起，以足跟领劲；同时，两掌在体前展开，以掌心领劲，向左右横向拍击至身体两侧。身体面向西北方向（图237、图237附图）。

图237

图237附图

第36式　前蹚拗步

落：

左脚提膝收小腿后下落，左脚前迈（正西方向）（图238）。

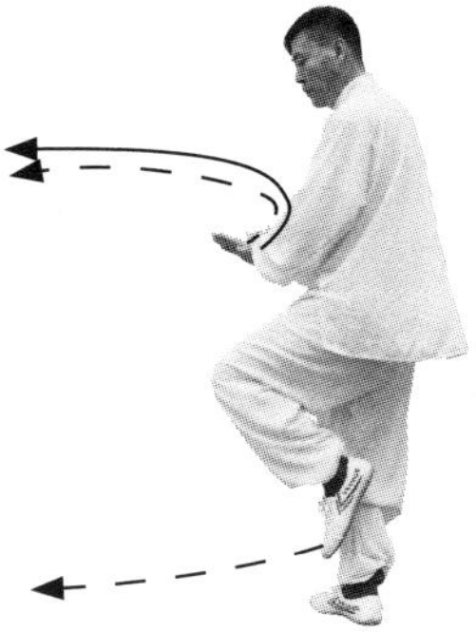

图238

挤：

身体左转至面向正西，同时右掌随身体左转左移至与左掌相合，左掌心贴右掌背，双掌同时下落至胯前再提至胸前，双掌距胸前约一拳距离，双掌保持相合状态，掌心向内。然后重心前移至左脚成左弓步；同时，双掌贴合向前挤（图239）。

图239

开：

重心向后移至右腿；移动重心过程中，双掌向身体两侧分开（图240）。

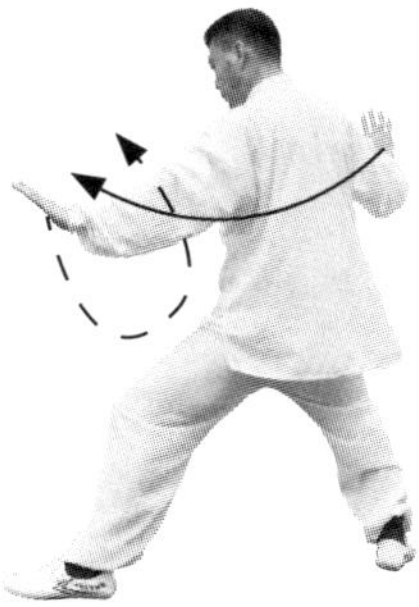

图240

合：

重心移至右腿后，左脚尖外撇，随即身体左转至西南方向，重心移至左脚，右脚跟步至左脚旁边；双臂于胸前十字交叉，左掌在内、右掌在外，掌心向内（图241）。

图241

开：

右脚向右侧横向跨步，迈向西北方向，右脚着地后重心右移至两腿之间；同时，双掌翻掌至掌心向外，向身体两侧打开外撑（图242）。

图242

第37式　击地捶

过渡势：

双手略向左蓄劲，然后双掌掌心向右、向外，双臂整体向右划弧，重心移至右脚，身体右转90°，身手相随，面向西北方向。重心移至右脚后，左脚跟步至右脚旁，脚尖点地，右手自然下落至体侧，与胯同高（图243、图244）。

图243

图244

俯身击地：

左掌先略向右划弧至体前。左腿向正西方向上步，同时重心移向左腿，成左弓步，上身向前（正西方向）倾斜俯身；左手在左腿迈步的同时握成拳，收至左太阳穴附近，距太阳穴一拳距离；右手握成拳，弧形提起经右太阳穴侧随着俯身下击，拳下击位置低于左腿膝盖（图245、图246）。

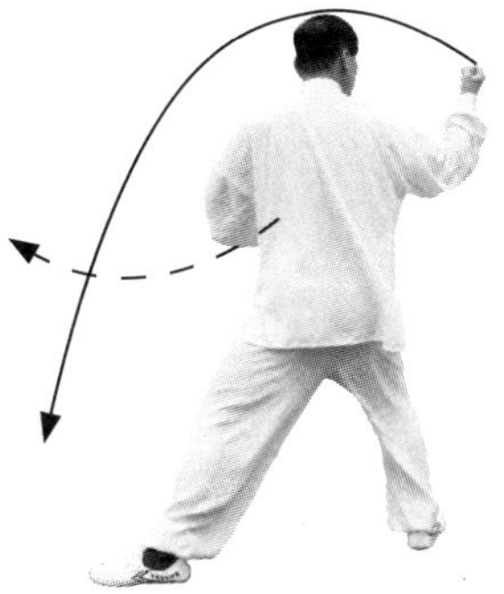
图245

图246

注：此式身体需要倾斜，貌似违反太极拳立身中正的要领，其实内在仍然要求立身中正，要在俯身的时候，保持躯干正直挺拔，不得歪斜扭曲，拱背猫腰。

第38式　翻身二起脚

转：

竖直上身，同时右转90°面向北，重心右移；同时右拳上提、左拳下落划弧相交于胸前。然后身体继续右转，双拳继续划圆，右拳继续向上、向右划圆，左拳继续向下、向左划圆。此时左腿成虚步，左脚尖内扣（图247、图248）。

图247

图248

提：

右拳继续向下、向左划圆，左拳继续向上、向右划圆，至两拳在胸前相交；同时重心左移。随后身体右转90°至面向东，重心完全移至左腿，提右腿；右拳以拳背领劲抡向右下，左拳划弧上提，双拳同时到位，右拳位于右膝侧，左拳位于身体左前方，略高于左肩（图249、图250、图250附图）。

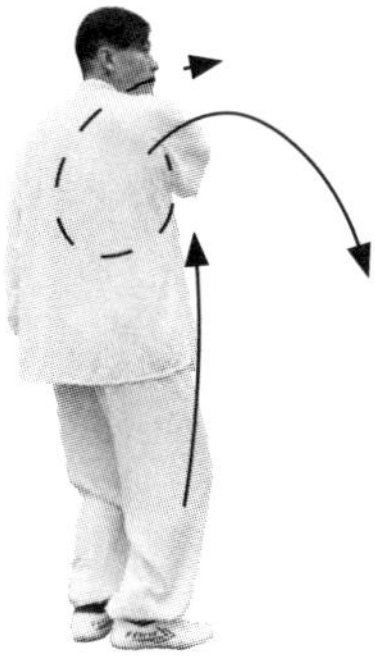

图249

图250

图250附图

起：

右脚落地即下蹬纵身，左脚顺势向上踢，然后左腿迅速下落后右脚上踢，右掌拍击右脚面（图251～图254、图254附图）。

图251

图252

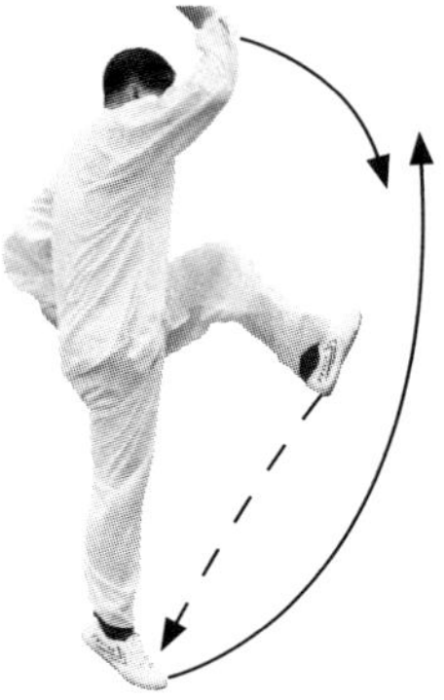

图253

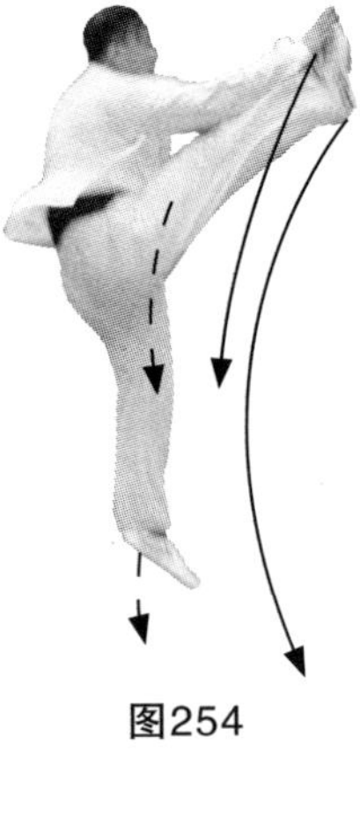

图254

图254附图

第39式　兽头势

落：

双脚自然下落，右脚落在东南方向，左脚落在西北方向；双掌内收至腹前，握拳，拳心向内；躯干由面向东北转至面向北（图255）。

图255

左兽头势：

双拳内收后再划圆上提，左拳在上，与胸同高，右拳在下，与心口窝同高，沉肩坠肘。然后以拳背领劲向前（北）击出，屈臂，左上右下，拳背向外；同时重心移向左腿，成左弓步（图256、图256附图）。

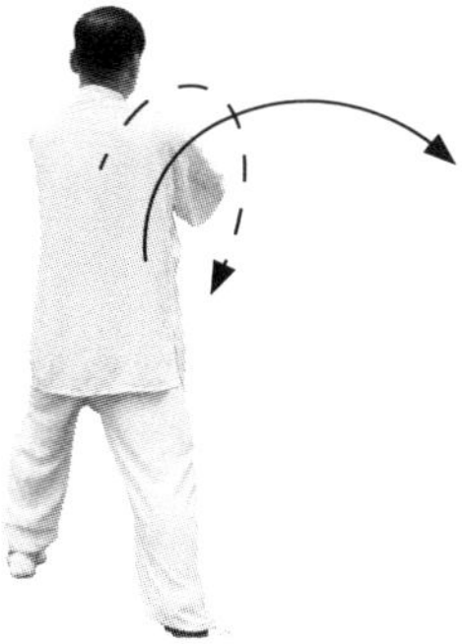

图256

图256附图

右落：

身体右转至面向东，重心向右腿移动；同时双拳变掌向右（东）划弧，下落。重心再向左腿移，双掌握拳再内收至腹前（图257、图258）。

图257

图258

右兽头势：

双拳内收后再划圆上提，右拳在上，与胸同高，左拳在下，与心口窝同高，沉肩坠肘。然后以拳背领劲向前（东）击出，屈臂，右上左下，拳背向外；同时重心移向右腿，成右弓步（图259、图259附图）。

图259

图259附图

第40式　旋风脚

转：

重心后移至左腿后，右脚尖外撇，随后重心再移回右腿。身体右转至面向南，双手变成掌在胸前呈十字交叉，左掌在外、右掌在内，掌心向外（图260）。

图260

踢：

以右脚为轴，身体右转，带动左腿向左踢起后，再向右以足弓内侧领劲旋转踢腿；同时双掌向左右分开，左手与左足弓在空中相交拍击发声（图261）。

图261

落：

身体继续向右旋转至面向北，左脚落在右脚西侧（图262）。

图262

第41式　蹬一跟

提：

重心移至左脚，双手握成拳屈臂上举，收至两肩侧面，提右脚，勾脚尖（图263、图264）。

图263

图264

蹬：

右脚向右（东）蹬出，脚后跟领劲；同时双拳向身体两侧击出，右拳击向东，左拳击向西北方向（图265、图265附图）。

图265

图265附图

第42式　掩手肱捶

身体右转45°，至面向东南，右脚落下，重心移至右脚，左脚提至右脚侧（图266）。

图266

伸：

向西南方向伸右掌，掌心向东南方向；左掌随右掌略前伸，掌心向右，右掌在前，左掌在后，约在右肘位置；同时向东北方向伸直左腿（图267）。

图267

左转：

右掌掌心向左，右臂向左横拨，左掌掌背向左，随右臂向左横拨，重心向左移，身手相随。双臂移至身体左侧，左掌在前，右掌在后，双掌拇指均向上，右掌约在左肘位置（图268）。

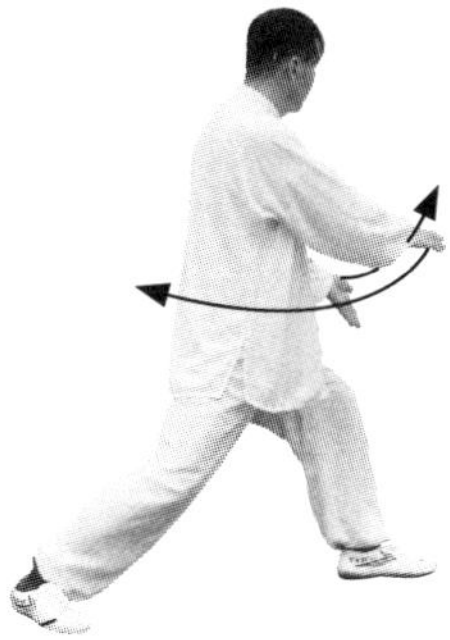

图268

右转：

左手变成八字掌，左臂直臂向右横拨至体前，同时翻转掌心至向下；右掌同时握成拳，随左臂横拨，屈臂收至小腹前，翻转至拳心向上，左手八字掌及右拳均面向东南方向；同时重心右移（图269）。

图269

冲拳：

右手伸出向东南方向冲拳，冲拳过程中手臂旋转至拳心向下；左掌收回至左腰侧，八字掌翻转至掌心向上；同时重心左移（图270）。

图270

第43式　小擒打

右：

右拳变掌向右划圆，重心移至右腿；左手与右掌动作配合，对称地左略划圆（图271）。

图271

左：

右掌接着向下、向左划圆，重心移至左腿；左掌与右掌动作配合，对称地向上、向右略划圆（图272）。

图272

提：

提右膝；右掌同时上提后握拳，左掌与右手动作配合，对称地略下压（图273）。

图273

落：

右拳下落变掌至腹前，拳心向上；右腿同时落下震脚；左掌与之配合下移至腹部，左臂横于腹前，掌心向下（图274）。

图274

推：

左腿向东迈步并重心前移成左弓步，横于腹前的左臂平举上移，至与额头同高，同时翻转手臂至掌心外翻，右掌指尖向上，向东前推，掌心向前（向外），与胸同高（图275、图275附图）。

图275

图275附图

第44式　抱头推山

开：

两掌左右分开，向外撑开划圆，重心移至右腿，向右转身90°至向南（图276）。

图276

合：

两掌分至身体两侧后，坠肘屈臂，双掌指尖向上、掌心向内，沿弧形继续划圆收至颈部两侧。重心移至左腿，身体再右转90°至面向西；右脚收至左脚旁边，脚尖点地（图277）。

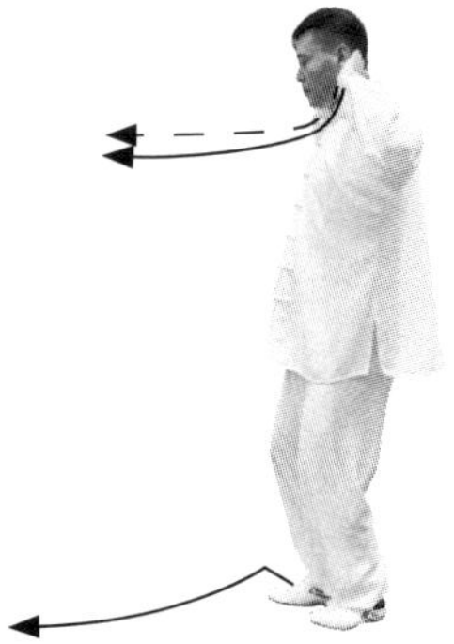

图277

推：

右脚向西前迈，重心前移成右弓步；两掌指尖相对，掌心向外向下，掌缘领劲，向西前推，两肘撑开向外成水平，仍有沉肩坠肘之意（图278、图278附图、图279、图279附图）。

图278

图278附图

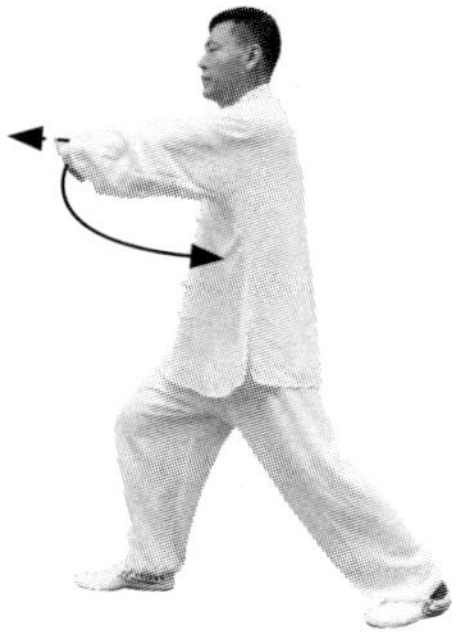

图279

图279附图

第45式　三换掌

右掌：

重心缓慢后移，成右虚步；同时，右掌略旋转成掌心向下，小指侧向前，左掌旋转成掌心向上，小指侧向后（向着自己身体），左掌以小指侧领劲后移，即移向自己腹前，同时，右掌以小指侧领劲向前撑，双掌成对拉之势，右掌略高于左掌（图280、图281）。

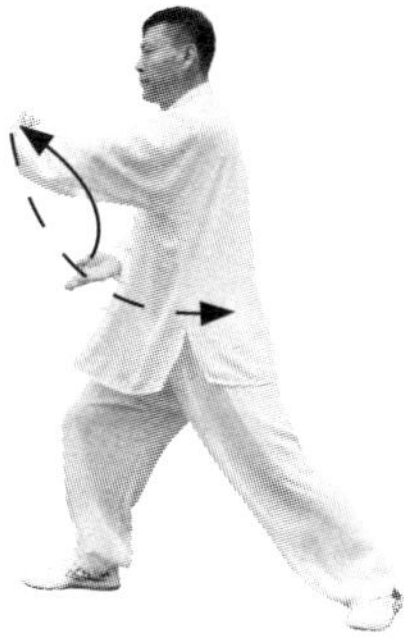

图280

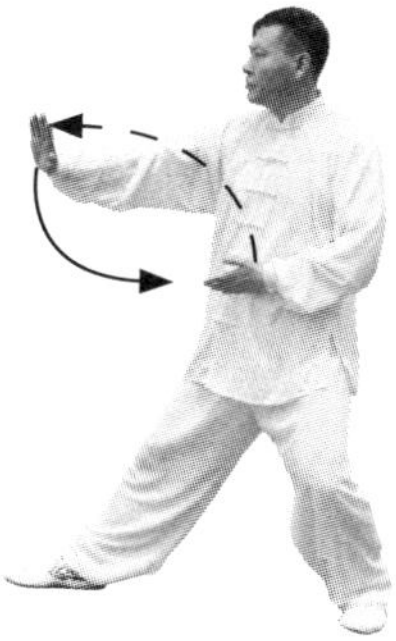

图281

左掌：

重心再缓慢前移，成右弓步；双掌同时旋转，右掌由掌心向下、小指侧向前变为掌心向上、小指侧向后，左掌由掌心向上、小指侧向后变为掌心向下、小指侧向前，同时由右掌略高于左掌变为左掌略高于右掌。然后，右掌以小指侧领劲后移，即移向自己腹前，左掌以小指侧领劲向前移，双掌成对拉之势（图282）。

图282

右掌：

重心再缓慢后移，成右虚步；双掌同时旋转，左掌由掌心向下、小指侧向前变为掌心向上、小指侧向后，右掌由掌心向上、小指侧向后变为掌心向下、小指侧向前，同时由左掌略高于右掌变为右掌略高于左掌。然后，左掌以小指侧领劲后移，即移向自己腹前，右掌以小指侧领劲向前移，双掌成对拉之势（图283）。

图283

第46式　六封四闭

注：此六封四闭与前一六封四闭动作相同，但方向与前一六封四闭整体右转45°角，所以未详细配图。如读者有需要，可以参考前一六封四闭动作配图。

落：

身体左转至向南，双掌随着身体左转，均向左胯方向下落，自然放松弧形下落，身手相随；同时重心向左腿转移（图284）。

图284

托：

双掌落至左胯前面后，双手掌心向上，向着南方由下向上托起至颈部高度，如双手捧起一物的感觉（图285）。

图285

收：

重心转移至右脚，左脚收至右脚旁边，左脚尖点地；转移重心的同时，双掌高度不变，屈臂收回双掌，捧在面前，指尖向上，与颈同高。

转：

身体右转至面向西；双臂维持屈曲姿势向两侧打开，双掌翻转，指尖指向颈部，掌心面向右前下方，双掌分别位于颈部两侧前方。

按：

双掌向右前方，即西方向，沿斜下方向下按，虎口相对，坐腕，定势时双掌与小腹同高，双臂伸直但肘部略微弯曲（图286、图286附图）。

图286

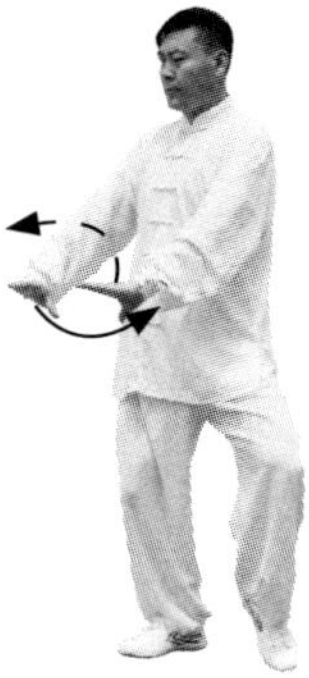

图286附图

第47式　单鞭

注：此单鞭与前一单鞭动作相同，但方向与前一单鞭整体右转45°，所以未详细配图。如读者有需要，可以参考前一单鞭动作配图。

转：

双掌沿逆时针方向在水平面上各自旋转，左掌在上，右掌在下，至两手腕交叉时，两掌同时上翻，成掌心向上，变成左掌在下，右掌在上。

提：

右掌变成勾手沿左掌尖方向向正西方上提至与肩同高；左膝同时上提；左掌置于小腹前，掌心向上。

落：

重心下落；同时左脚跟擦地向左（东南方向）跨出一大步，跨步到位后全脚掌落实。

推：

重心左移；同时左掌掌心向内、掌背向外沿拇指方向左平移至左前方，即正南方向，全身重心略下沉，同时翻转左掌至掌心向外，推掌；右勾手微动配合左掌，与之对称。定势时左腿六分劲、右腿四分劲（图287）。

图287

第48式　前招

左右：

右手变掌，弧形下落至左手下方，至左胯侧时两手在身体左侧上下交换，左手在上、右手在下，变为左下右上。左手向下、右手向上运动时，左手在身体远端（外侧），右手在靠近身体的位置（内侧）。随后双手平移至右侧（图288）。

图288

蓄：

两手在身体右侧上下交换，左下右上变为左上右下，右手向下、左手向上运动时，右手在身体远端（外侧），左手在靠近身体的位置（内侧）。随后两手平行向左移动，两手平移时头部同时转动，手眼相随；同时重心向左移动至完全落到左腿；右脚提起，移至左脚侧，脚尖点地（图289）。

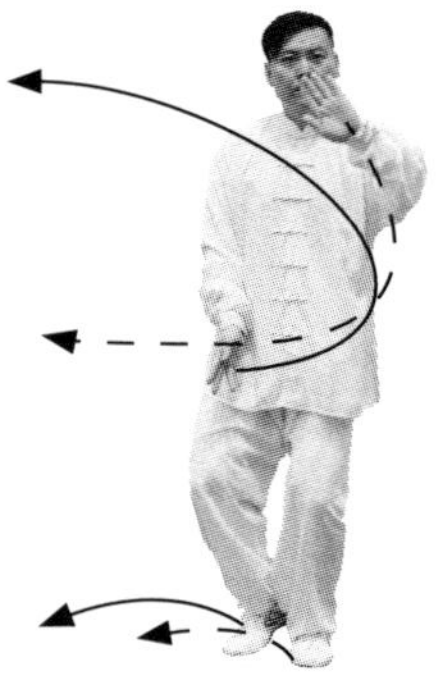

图289

发：

两手移至身体左侧，随后两手上下交换，左上右下变为左下右上，左手向下、右手向上运动时，左手在身体远端（外侧），右手在靠近身体的位置（内侧）。随后两掌掌心均朝向右，双掌向右同步平移发力；同时右脚向右（西北方向）横跨一步，重心移至右脚，左脚提起移至右脚侧，脚尖点地（图290）。

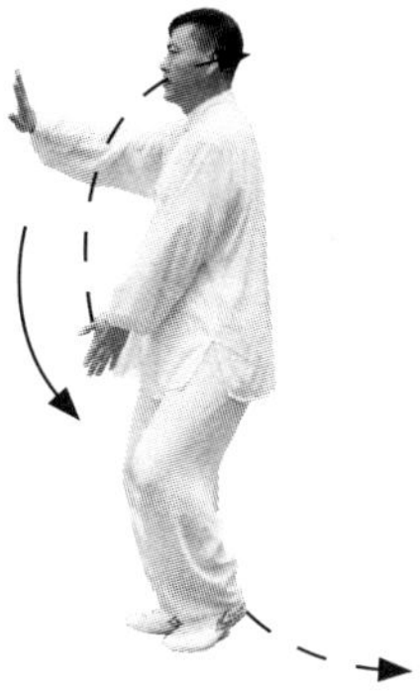

图290

第49式　后招

两掌平移至身体右侧后，两手上下交换，右上左下变为左上右下，右手向下、左手向上运动时，右手在身体远端（外侧），左手在靠近身体的位置（内侧）。随后两掌掌心均朝向左，双掌向左同步平移发力；同时左脚向左（东南方向）横跨一步，重心移至左脚，右脚提起移至左脚侧，右脚尖点地（图291、图292）。

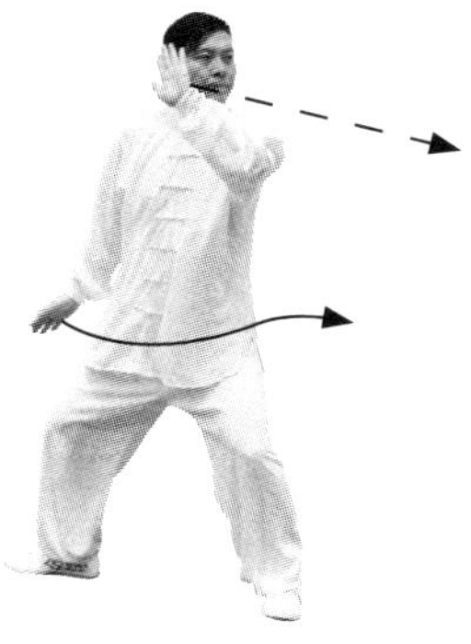

图291

图292

第50式　野马分鬃

迈步：

右脚向前（正西方向）迈出落地；右掌略下探，左掌掌心所对方向由向左变为向下略向右，右掌掌心所对方向由向左变为向上略向左，左掌在前在上，与肩同高，右掌在后在下，与胯同高（图293）。

图293

分掌：

右臂以拇指及桡骨领劲，由身体左侧向右转，同时向前、向上举，掌心向上；左臂以掌缘及尺骨领劲，由身体右侧向左转，同时向后、向下压，掌心向下；重心右移成右弓步。定势时，右臂位于体前，左掌位于左胯侧，双臂略弯曲，右掌与下颌同高，左掌与胯同高（图294、图294附图）。

图294

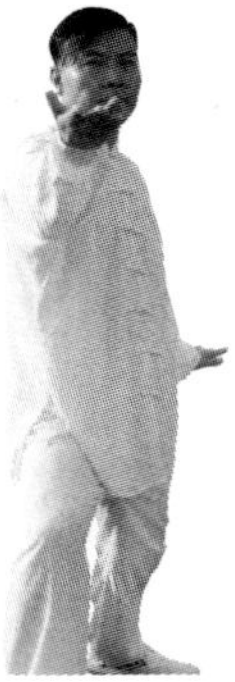

图294附图

迈步：

重心后移至左脚，右脚尖外撇，重心再前移至右脚，提起左脚跟步至右脚侧，随后左脚继续前迈。右手掌心翻转向下，左手移至右胯侧，掌心向上，左掌略下探蓄劲，右掌在前、在上，与肩同高，左掌在后、在下，与胯同高（图295）。

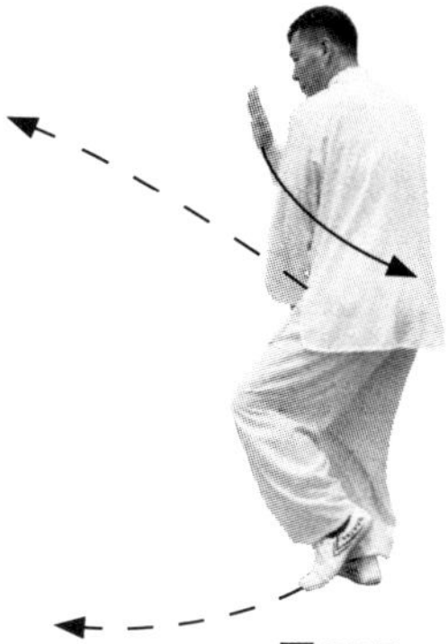
图295

分掌：

左臂以拇指及桡骨领劲，由身体右侧向左转，同时向前、向上举，掌心向上；右臂以掌缘及尺骨领劲，由身体左侧向右转，同时向后、向下压，掌心向下；重心左移成左弓步。定势时，左臂位于体前，右掌位于右胯侧，双臂略弯曲，左掌与下颌同高，右掌与胯同高（图296、图296附图）。

图296

图296附图

第51式　六封四闭

转、托：

双手成掌，向右略转蓄劲，重心向右脚转移，左脚尖外撇，重心转移回左脚，然后以左脚为轴，身体向左转至面向东南方向，右脚迈至左脚正西方向，双掌随着身体左转。身手相随。转到面向东南后，双手掌心向上，向着东南方由下向上托起至颈部高度，如双手捧起一物的感觉（图297）。

图297

收：

重心转移至右脚，左脚收至右脚旁边，左脚尖点地；转移重心的同时，双掌高度不变，屈臂收回双掌捧在面前，指尖向上，与颈同高（图298）。

图298

转：

身体右转至面向西南方向；双臂维持屈曲姿势，双掌翻转，指尖指向颈部，掌心面向右前下方，双掌分别位于颈部两侧前方（图299）。

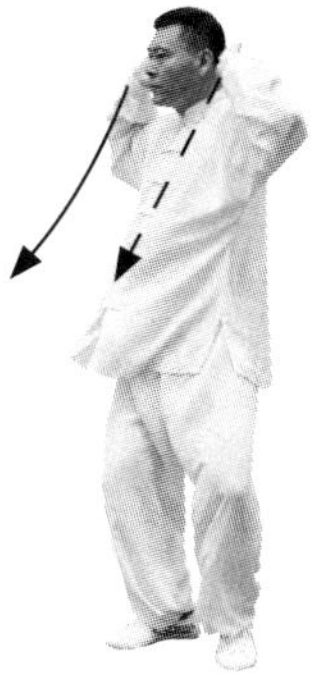

图299

按：

双掌向右前方，即西南方向，沿斜下方向下按，虎口相对，坐腕。定势时，双掌与小腹同高，双臂伸直但肘部略微弯曲（图300）。

图300

第52式　单鞭

转：

双掌沿逆时针方向，在水平面上各自旋转，左掌在上，右掌在下，至两手腕交叉时，两掌同时上翻成掌心向上，变成左掌在下，右掌在上（图301、图302）。

图301

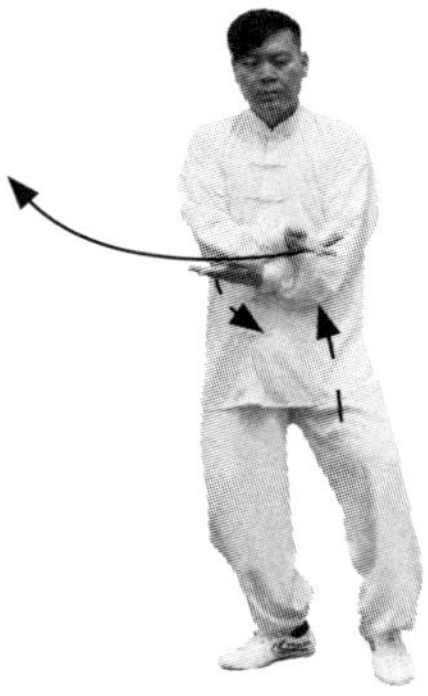

图302

提：

右掌变成勾手，沿左掌尖方向向西南上提至与肩同高；左膝同时上提；左掌置于小腹前，掌心向上（图303）。

图303

落：

重心下落；同时左脚跟擦地向左跨出一大步，跨步到位后全脚掌落实（图304）。

图304

推：

重心左移；同时左掌掌心向内、掌背向外沿拇指方向向左平移至左前方，即东南方向，全身重心略下沉，同时翻转左掌至掌心向外，推掌；右勾手微动配合左掌，与之对称。定势时左腿六分劲、右腿四分劲（图305、图306）。

图305

图306

第53式 双震脚

划圈：

双手变掌，在体前先沿顺时针方向（先向右，然后向下，然后向左，然后向上）划小圈，再沿同样方向划大圈，即双掌先向身体右侧划弧，重心移向右腿，再向下划弧，随后向身体左侧划弧，重心移向左腿，随后向上划弧，双手再向右划弧，重心再移向右腿，同时，左脚尖内扣。随后重心移至左腿，身体顺势右转90°至面向正西方向。双手划弧下落至体前，高度与小腹同高，右掌在前，左掌在后，双掌掌心向下。双手划弧下落；同时，右脚略提起撤回半步至左脚右前方，虚步站立，重心完全在左脚（图307～图309）。

图307

图308

图309

震脚：

双手掌心向上翻后提起，自腹部提高至胸部，右膝同时提起。随后双掌掌心向下翻后下落下拍，右脚同时下落震脚。双掌下拍与震脚同步。随后，双手掌心再上翻提起，左脚蹬地后双足跃起，身体腾空，随后在空中双掌下翻，掌心朝下，双掌下落下拍，同时双脚落地震足，左脚略先于右脚落地，双足均全脚掌落地，不可只是足跟震地。双掌下拍与震脚同步（图310～图313）。

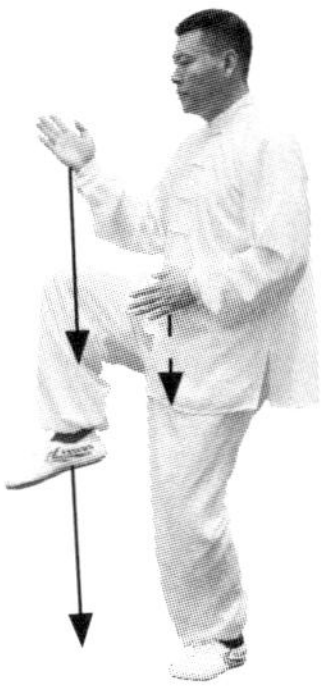
图310

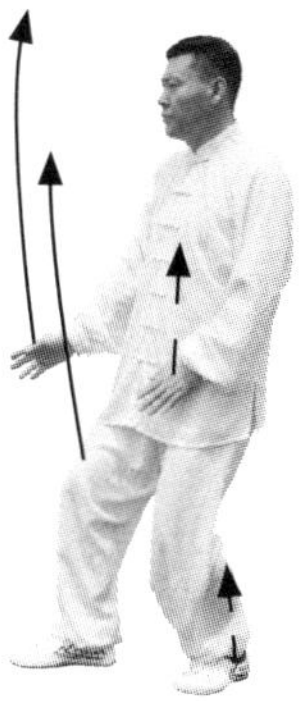
图311

图312

图313

第54式　玉女穿梭

提：

右腿提膝，足尖勾起，同时右臂下垂，右掌翻转至指尖向下，掌缘向前。随后右足前蹬（向正西方向），同时右掌以掌缘领劲，由下向前、向上撩。蹬足撩掌同步（图314、图315、图315附图）。

图314

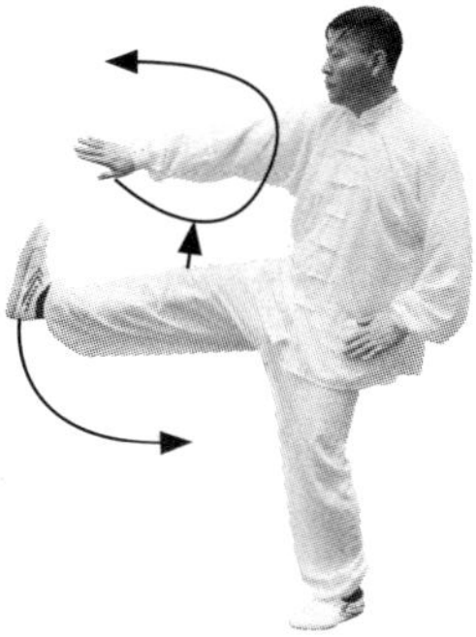

图315

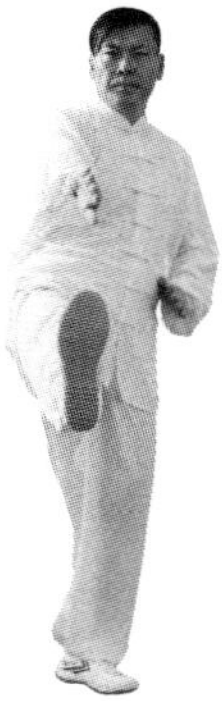

图315附图

收：

右膝提起，右脚自然下落收回，右上臂保持基本不动，右前臂以右肘为轴自然下落，随后顺势继续翻转至向前伸出，掌心向上（图316、图316附图）。

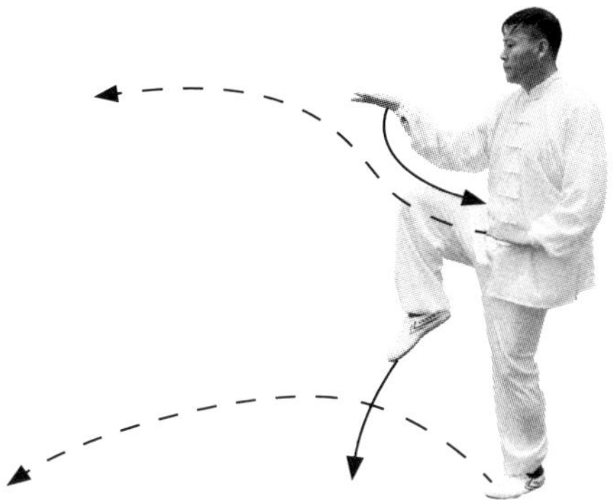

图316

图316附图

跃：

右脚向前（正西方向）跨一大步落地后，蹬右足向前跃身，左足前跨；同时左掌前推，左掌左足相合；右掌在空中收回。左脚落地后，身体顺势右转（图317～图320）。

图317

图318

图319

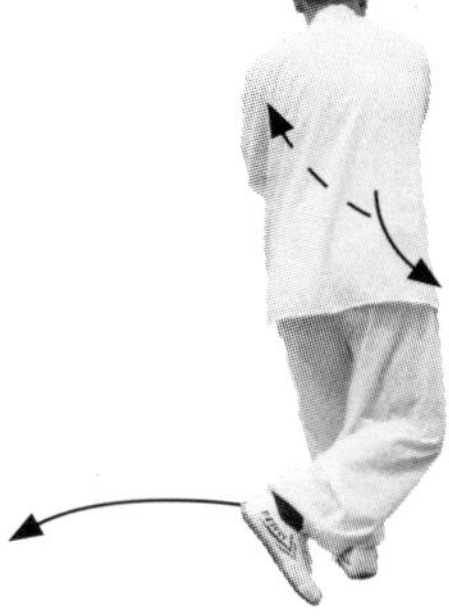

图320

第55式　懒扎衣

左合：

接上势，身体旋转270°后右脚落在左脚正西方向，双足落地后，双前臂在身体左前方相交合住，左手掌心向右护右腮，右手掌心向左护左胯，同时重心左移（图321）。

图321

重心向右移动；同时右臂以拇指及桡骨领劲，向右转并上举至右前方45°（西南方向），向右前方展开、推出，翻掌坐腕；同时左手自然下落至小腹前，掌心向上。定势时身体重心略下沉，右脚六分劲、左脚四分劲（图322）。

图322

第56式　六封四闭

托：

双掌均向左胯方向自然放松弧形下落，右掌下落速度较快，左掌下落速度较慢；同时身体随双掌左转至面向东南方向。随后双掌于左胯部位掌心向上，向着东南方由下向上托起至颈部高度，如双手捧起一物的感觉（图323）。

图323

收：

重心转移至右脚，左脚收至右脚旁边，左脚尖点地；转移重心的同时，双掌高度不变，屈臂收回双掌，捧在面前，指尖向上，与颈同高（图324）。

图324

转：

身体右转至面向西南方向，双臂维持屈曲姿势，双掌翻转，指尖指向颈部，掌心面向右前下方，双掌分别位于颈部两侧前方（图325）。

图325

按：

双掌向右前方，即西南方向，沿斜下方向下按，虎口相对，坐腕。定势时双掌与小腹同高，双臂伸直但肘部略微弯曲（图326）。

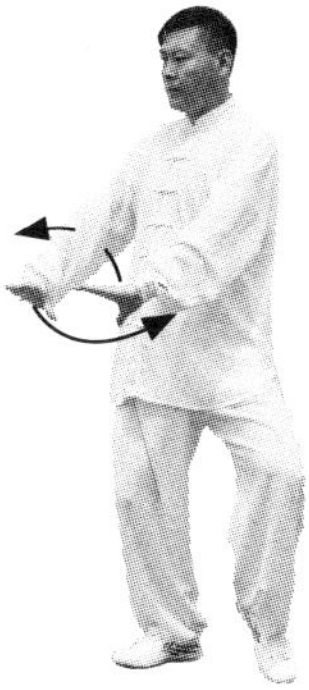

图326

第57式　单鞭

转：

双掌沿逆时针方向，在水平面上各自旋转，左掌在上，右掌在下，至两手腕交叉时，两掌同时上翻成掌心向上，变成左掌在下、右掌在上（图327、图328）。

图327

图328

提：

右掌变勾手沿左掌尖方向向西南方上提，至与肩同高；左膝同时上提；左掌置于小腹前，掌心向上（图329）。

图329

落：

重心下落，同时左脚跟擦地向左跨出一大步。跨步到位后全脚掌落实（图330）。

图330

推：

重心左移；同时左掌掌心向内、掌背向外沿拇指方向向左平移，至左前方，即东南方向，全身重心略下沉，同时翻转左掌至掌心向外，推掌；右勾手微动配合左掌，与之对称。定势时左腿六分劲、右腿四分劲（图331、图332）。

图331

图332

第58式　云手

云手预备势

落：

双手成掌，右手下落划弧至左手下方，至左胯侧（图333）。

图333

换：

两手在身体左侧上下交换，由左手在上、右手在下变为左手在下、右手在上（图334）。

图334

移：

两手平行向右移动至身体右侧，平移时头部同时转动，目光与手的发力方向一致，目光略早于动作，起到引导作用，身手相随；同时左脚右移半步至两脚与肩同宽（图335）。

图335

云手一

换：

两手在身体右侧上下交换，左下右上变为左上右下，右手向下、左手向上运动时，右手在身体远端（外侧），左手在靠近身体的位置（内侧）；重心向左（左腿）移动（图336）。

图336

插：

两手平行向左移动，平移时头部同时转动，手眼相随；同时，重心左移至左腿，右脚抬起，左移至左脚左后方（倒插步）（图337）。

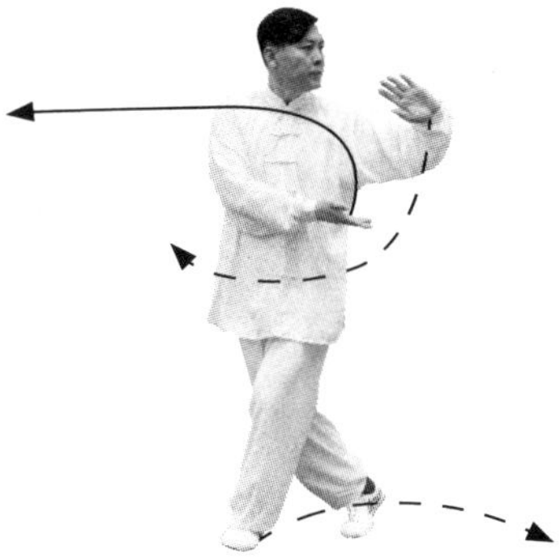

图337

换：

两手移至身体左侧上下交换，左上右下变为左下右上，左手向下、右手向上运动时，左手在身体远端（外侧），右手在靠近身体的位置（内侧）；重心向左（右腿）移动（图338）。

图338

移：

两手平行向右，平移时头部同时转动，手眼相随；同时，重心移至右腿，左脚抬起，左移至两脚与肩同宽（图339）。

图339

云手二

换：

两手在身体右侧上下交换，左下右上变为左上右下，右手向下、左手向上运动时，右手在身体远端（外侧），左手在靠近身体的位置（内侧）；重心向左（左腿）移动（图340）。

图340

插：

两手平行向左移动，平移时头部同时转动，手眼相随。同时，重心左移至左腿，右脚抬起，左移至左脚左后方（倒插步）（图341）。

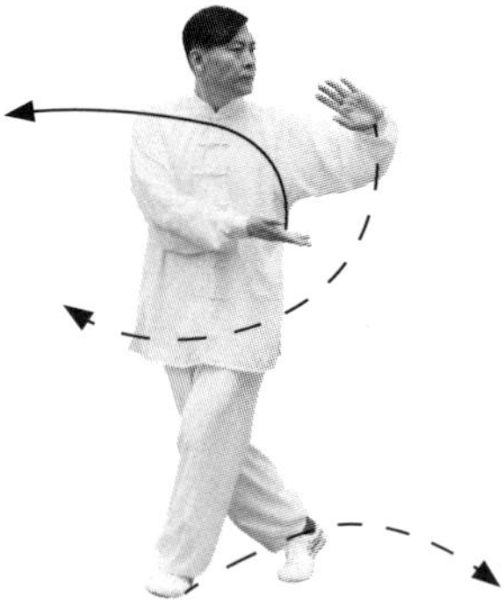

图341

换：

两手移至身体左侧上下交换，左上右下变为左下右上，左手向下、右手向上运动时，左手在身体远端（外侧），右手在靠近身体的位置（内侧）；重心向左（右腿）移动（图342）。

图342

移：

两手平行向右，平移时头部同时转动，手眼相随；同时，重心移至右腿，左脚抬起，左移至两脚与肩同宽（图343）。

图343

云手三

换：

两手在身体右侧上下交换，左下右上变为左上右下，右手向下、左手向上运动时，右手在身体远端（外侧），左手在靠近身体的位置（内侧）；重心向左（左腿）移动（图344）。

图344

插：

两手平行向左移动，平移时头部同时转动，手眼相随；同时，重心左移至左腿，右脚抬起，左移至左脚左后方（倒插步）（图345）。

图345

换：

两手移至身体左侧上下交换，左上右下变为左下右上，左手向下、右手向上运动时，左手在身体远端（外侧），右手在靠近身体的位置（内侧）；重心向左（右腿）移动（图346）。

图346

移：

两手平行向右，平移时头部同时转动，手眼相随；同时，重心移至右腿，左脚抬起，左移至两脚与肩同宽（图347）。

图347

第59式　摆脚跌叉

摆脚：

重心移至左脚，右脚从右下经左向右上摆脚；同时双手向左，以双掌掌面依次迎击右脚面（图348、图349）。

图348

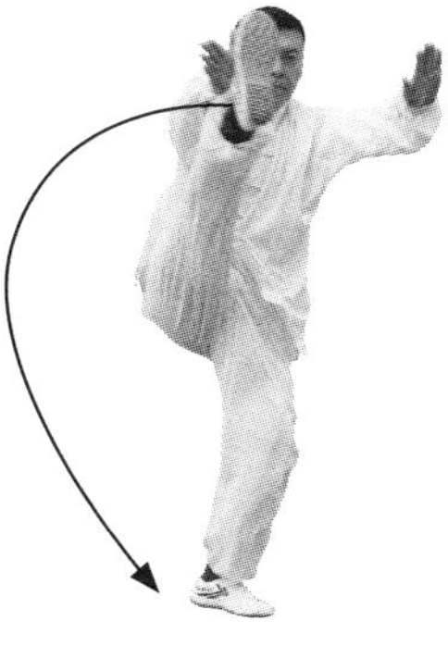

图349

跌叉：

右脚落下，双手握拳，重心移至右脚，右腿下蹲，左脚向左（正东）迈一大步；左拳与左腿配合，随之向左伸，拳心向上，前臂保持水平；右臂弯曲，在身体右侧（西南方向），右前臂竖起，沉肩坠肘，右拳举至与额头同高，拳心向内。随后重心移向左腿，成左弓步（图350～图353）。

图350

图351

图352

图353

第60式　左右金鸡独立

左金鸡独立：

右脚上步至左脚旁，脚尖点地；两拳变掌于腹前交叉，左掌在上、右掌在下；左掌指尖指向右上，右掌指尖指向左下。随后，右手翻掌向上托，掌心向上，手臂伸直略弯，高举过头顶，坐腕，指尖指向左侧；左掌下按，左臂伸直略弯，坐腕，指尖向前；两掌有对称拉长之感；同时，右膝提起，右脚尖自然下垂，略绷直脚背（图354、图355、图355附图）。

图354

图355

图355附图

右金鸡独立：

右脚落下至左脚右侧一尺远距离，震脚，同时右手落下至右胯附近，掌缘领劲发力与震脚配合，重心移至右脚，左脚移至右脚旁，脚尖点地。两掌于腹前交叉，右掌在上、左掌在下。右掌指尖指向左上，左掌指尖指向右下。随后，左手翻掌向上托，掌心向上，手臂伸直略弯，高举过头顶，坐腕，指尖指向右侧；右掌下按，右臂伸直略弯，坐腕，指尖向前；两掌有对称拉长之感；同时，左膝提起，左脚尖自然下垂，略绷直脚背（图356～图358、图358附图）。

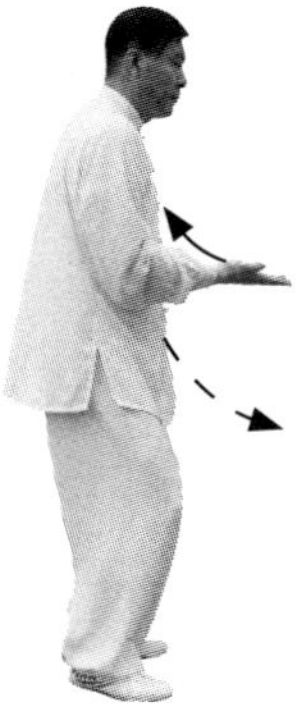
图356

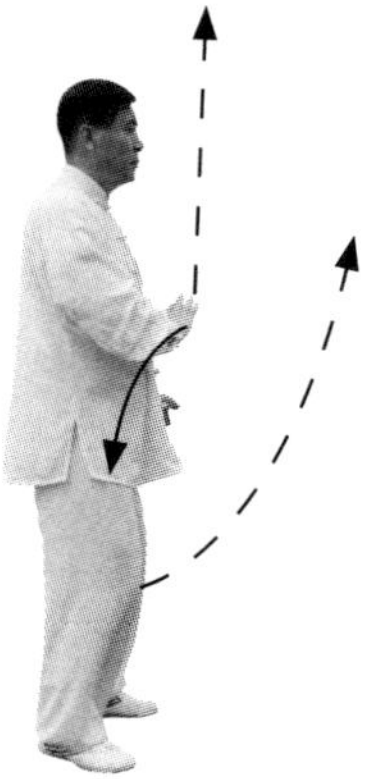
图357

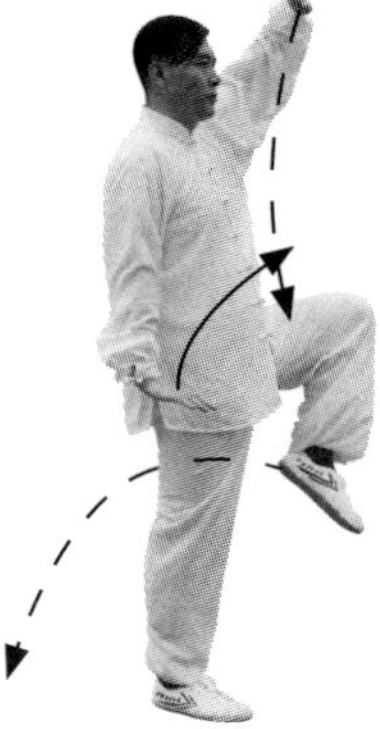
图358

图358附图

第61式　倒卷肱

退步分掌一：

左脚下落在右脚旁，随后左脚向左后方（西北方向）沿弧形轨迹退步，即先向后，再沿弧形向左后退步。双掌由身体两侧向内移至体前，两腕交叉，右手在上在内，左手在下在外，双掌掌心向下；重心仍然完全在右脚。退步时，左脚尖拖地，脚尖在地上形成轨迹如同月牙形。随后双掌下落后向身体两侧分开，以掌根领劲，掌心向下，两掌指尖相对；同时重心移至两腿中间，成马步（图359、图360）。

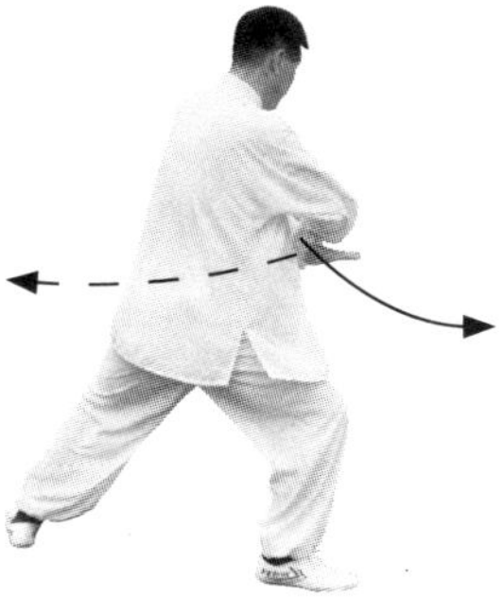

图359

图360

退步分掌二：

双掌顺势上举至与上腹同高后，由身体两侧向身体体前中线内移至上腹前，两腕交叉，左手在上、在内，右手在下、在外，双掌掌心向下；同时重心完全移至左脚。右脚沿弧形轨迹先收至左脚边，再沿弧形向右后（西南方向）退步，即先向后，再向右后退步。右脚虚左脚实，重心仍然完全在左脚。退步时，右脚尖拖地，脚尖在地上形成轨迹如同月牙形。随后双掌下落后向身体两侧分开，以掌根领劲，掌心向下，两掌指尖相对；同时重心移至两腿中间，成马步（图361、图362）。

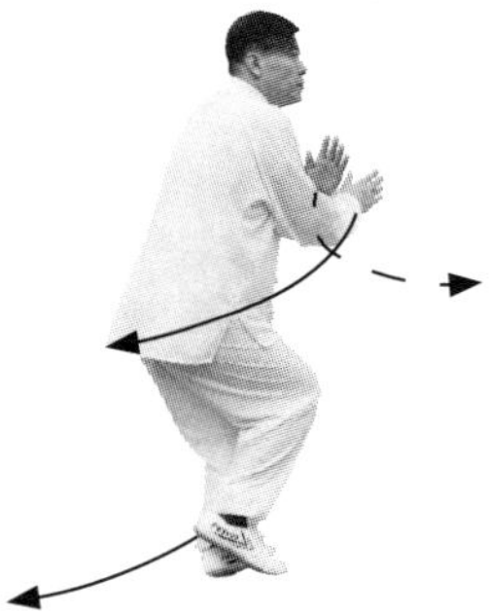

图361

图362

退步分掌三：

双掌顺势上举至与上腹同高后，由身体两侧向身体体前中线内移至上腹前，两腕交叉，右手在上、在内，左手在下、在外，双掌掌心向下；同时重心完全移至右脚。左脚沿弧形轨迹先收至右脚边，再沿弧形向左后（西北方向）退步，即先向后，再向左后退步。左脚虚右脚实，重心仍然完全在右脚。退步时，左脚尖拖地，脚尖在地上形成轨迹如同月牙形。随后双掌下落后向身体两侧分开，以掌根领劲，掌心向下，两掌指尖相对；同时重心移至两腿中间，成马步（图363、图364）。

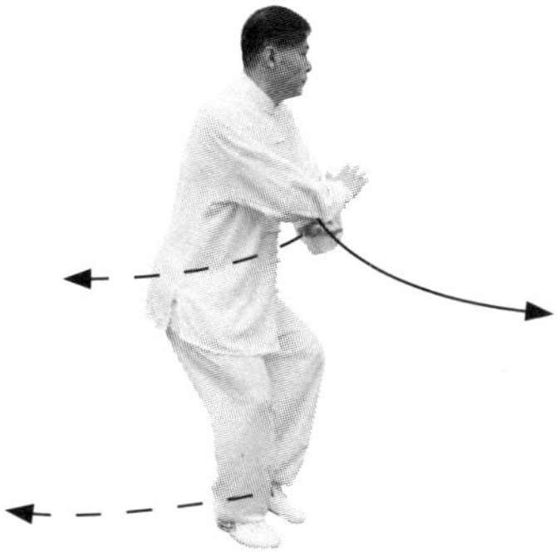

图363

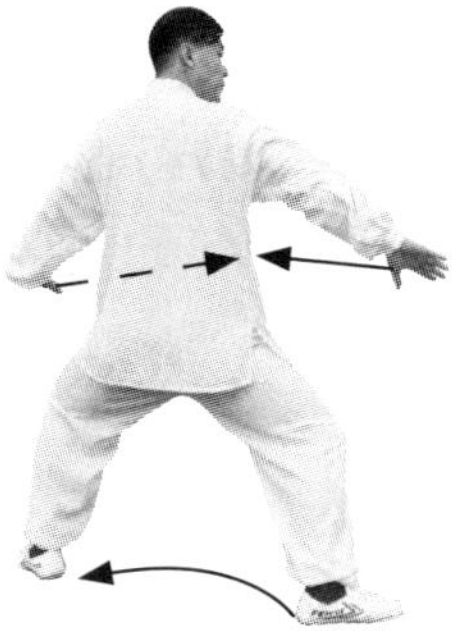

图364

第62式　退步压肘

收脚合手：

右手成拳，左手成掌，两手在胸前相交，右拳面抵住左掌，如行抱拳礼状，重心移至左脚，收右脚至左脚旁，右脚尖点地（图365）。

图365

压肘：

退右脚至斜后方（西南方向），右肘尖旋转向下，然后向右后（西南方向）击打，击打过程中，左掌推右拳面助力；同时重心右移，成右弓步，身体躯干面向东南方向（图366、图367）。

图366

图367

第63式　中盘

重心移至左腿，右手成掌，提右手右膝，右手与脸同高，然后右手右腿同时下落，右足震脚，右掌掌缘侧领劲发力劈掌，劈掌与心口同高。随后重心完全移至右脚，左脚横向跨步，随后左掌上移至胸前，掌心向内，指尖向上，右掌在内，左掌在外。左臂以桡骨侧领劲，向左横拨，右掌前推，重心左移，成左弓步。左臂横拨、右掌前推、重心左移三个动作同步进行，同时到位，一气呵成。身体躯干面向东南方向（图368～图370）。

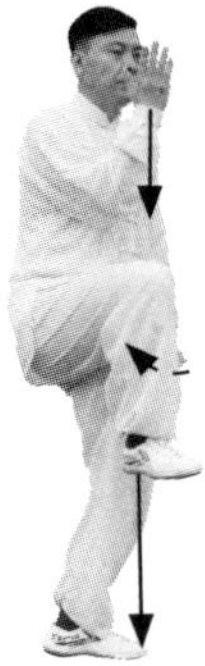

图368

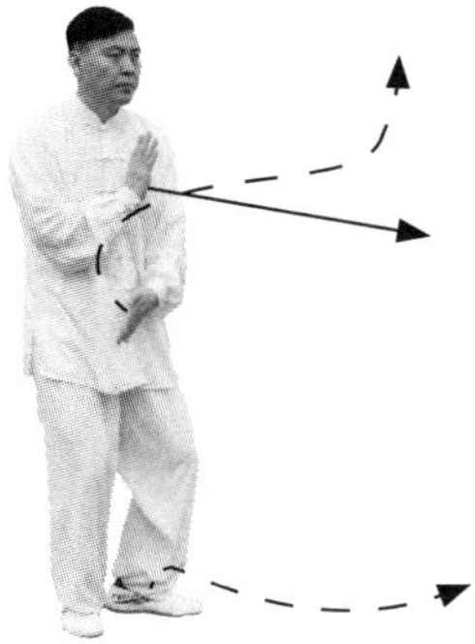

图369

图370

第64式　白鹤亮翅

左合：

身体先右转再左转至面向东北；双臂在体前各自划圈，右臂沿上、右、下、左、上方向划圈，左臂沿下、左、上、右、下方向划圈，在左前方左右前臂相交合住，左手掌心向右，护右腮，右手掌心向左，护左胯；同时重心左移，收右脚提至左脚旁边，右脚尖点地（图371、图372）。

图371

图372

右跨：

右脚向右（东南方向）横跨一步，跨步后右脚落实，重心右移，直至完全移至右脚。后左脚跟步，脚尖点地。在重心右移的过程中，右掌向右上方向上撑，上撑过程中掌心向内，定式后掌心向外、向上；同时左掌下落，置于左胯侧，坐腕下按，掌心向下，右上左下用劲有对称之意（图373、图374）。

图373

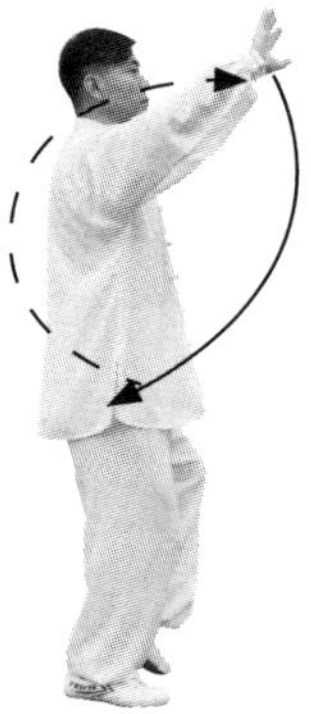

图374

第65式　斜行拗步

左上右下：

身体略左转再略右转；右手随身体转动，在手背引领下先向左再向右自然弧形下落；同时，左手随身体转动，先向左再向右沿弧线上举至与额头同高（图375）。

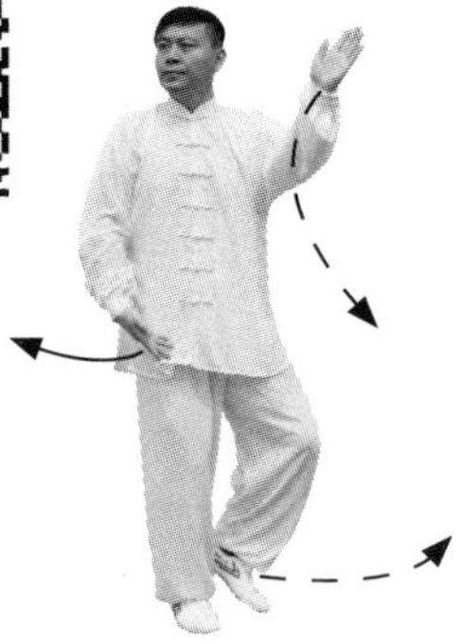

图375

左手大弧线：

左手在手背引领下接前面动作顺势自然弧形下落，落至左胯。左腿向东北方向上步，左手在左腿迈步同时成勾手沿左脚方向提起（图376）。

图376

合：

右掌掌心面向左手勾手，掌根领劲提起至左勾手旁；同时重心左移，成左弓步（图377）。

图377

开：

双手手形不变，分开向身体两侧外撑至双臂基本对称；重心移至两脚中间，面向东南方向。定势时，重心略下沉，气沉丹田，有八面支撑之感。身体面向东南方向（图378）。

图378

第66式　闪通背

拨：

两手成掌，伸展于身体两侧，与胸同高，拇指向上。身体左转至面向东，重心向左腿移动，成左弓步；同时，右臂保持伸展状态，随转体横拨至身体前方，掌心向左，与胸同高；左臂屈臂，左肘自然下坠，左掌收至左腰侧，左掌心向右。随后重心移至右脚，收左脚至右脚侧，左脚尖点地；左臂前伸至身体前方，掌心向右，与胸同高；右臂屈臂，右肘自然下坠，右掌收至右腰侧（图379、图380）。

图379

图380

击：

左脚向后退步后落实，重心移至左脚，成右虚步。身体左转，同时右肘随着身体转动向左击打，右掌掌心向内，右臂随着身体左转而屈臂内收，以左手迎击右肘，左手掌面拍打右臂背侧（图381）。

图381

拍：

重心移至右脚，左脚提至右脚侧，然后向前迈出；同时，右肘自然下落，右掌随着右肘下落至右胯侧，掌心向上；左掌先略蓄势后前拍，掌心向下；重心仍然在右脚，成左虚步（图382～图384）。

图382

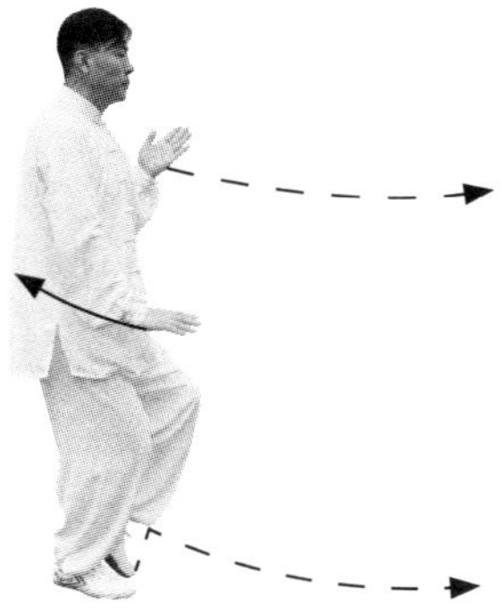
图383

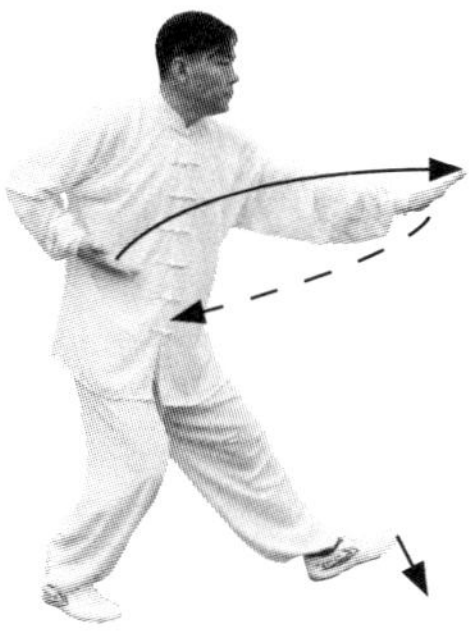
图384

插：

重心前移，成左弓步；同时右掌前插，与肩同高，掌心朝上；左掌回收下按在左胯侧（图385）。

图385

转：

身体略右转，左脚尖向右内扣；左掌举起前探，至与右掌同高，掌心向上；右掌掌心旋转向下，右臂略屈略内收；左掌在前右掌在后，两掌相距约一臂距离，两掌有隔空配合之意（图386）。

图386

身体以左腿为轴，继续右转，至面向正西，右腿向右后扫180° 后站定，重心顺势落至右腿，成左虚步；双臂随身体旋转右转，向右下方下捋，右掌落于右胯前，左掌落在右掌前一臂距离，双掌掌心向下，指尖向前（图387～图389）。

图387

图388

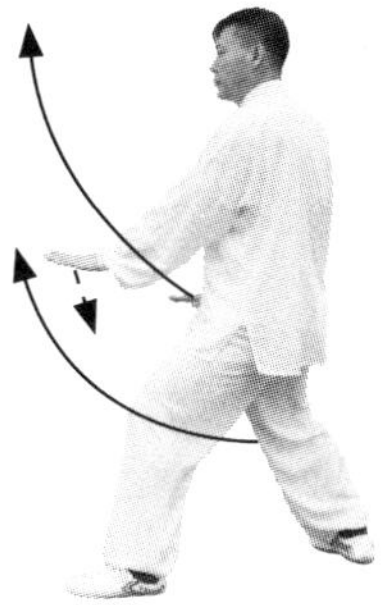

图389

第67式 掩手肱捶

提：

重心移至左腿，提起右膝；同时右掌托起前插，与喉同高，掌心向上，指尖向前；左掌收至左胯侧（图390）。

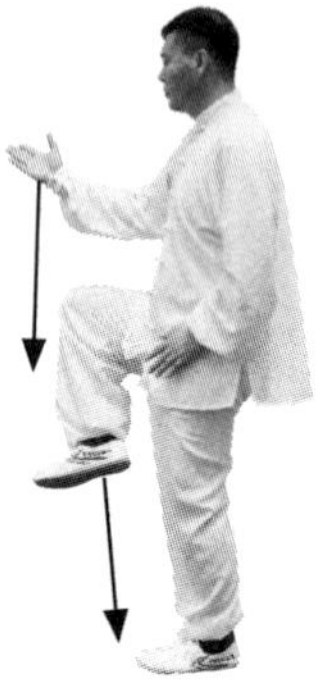
图390

震：

右脚下落震脚；同时右掌下落至上腹高度，下劈发力，与震脚同时（图391）。

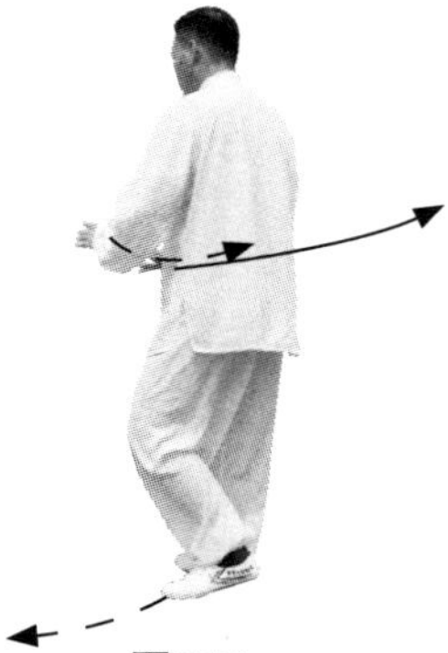
图391

伸：

重心移至右腿，向东北方向伸右掌，掌心向西北方向，左掌随右掌略前伸，掌心向右，右掌在前，左掌在后，约在右肘位置；同时向西南方向伸直左腿（图392）。

图392

左转：

右掌掌心向左，右臂向左横拨，左掌掌背向左，随右臂向左横拨，重心向左移成左弓步，身手相随。双臂移至身体左侧，左掌在前，右掌在后，双掌拇指均向上，右掌约在左肘位置（图393）。

图393

右转：

左手变成八字掌，左臂直臂向右横拨至体前，同时翻转掌心至向下；右掌随之握成拳，随左臂横拨，屈臂收至小腹前，翻转至拳心向上；左手八字掌及右拳均面向西北方向；同时重心右移成右弓步（图394）。

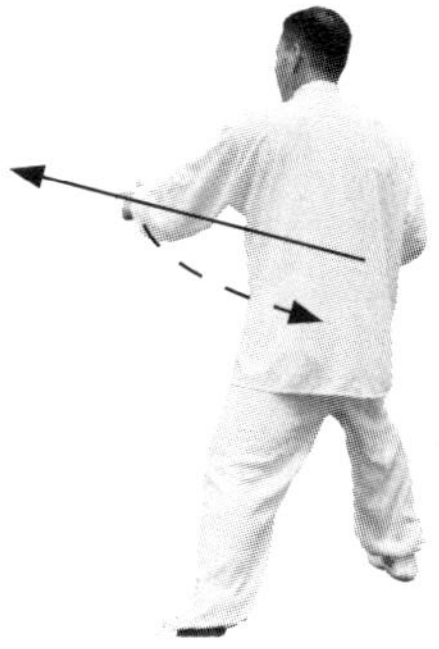
图394

冲拳：

右手伸出向西北方向冲拳，冲拳过程中手臂旋转至拳心转向下；左掌收回至左腰侧，八字掌翻转至掌心向上；同时重心左移成左弓步（图395）。

图395

第68式　六封四闭

转：

双手成掌，向右略转蓄劲，左脚尖外撇，随后以左脚为轴，身体向左转至面向东南方向，右脚迈至左脚西北方向，双掌随着身体左转。身手相随（图396～图398）。

图396

图397

图398

托：

转到面向东南后，双手掌心向上，向着东南方由下向上托起至颈部高度，如双手捧起一物的感觉（图399）。

图399

收：

重心转移至右脚，左脚收至右脚旁，左脚尖点地；转移重心的同时，双掌高度不变，屈臂收回双掌捧在面前，指尖向上，与颈同高（图400）。

图400

转：

身体右转至面向西南方向，双臂维持屈曲姿势，双掌翻转，指尖指向颈部，掌心面向右前下方，双掌分别位于颈部两侧前方（图401）。

图401

按：

双掌向右前方，即西南方向，沿斜下方向下按，虎口相对，坐腕。定势时双掌与小腹同高，双臂伸直但肘部略微弯曲（图402）。

图402

第69式　单鞭

转：

双掌沿逆时针方向，在水平平面上各自旋转，左掌在上，右掌在下，至两手腕交叉时，两掌同时上翻，成掌心向上，变成左掌在下，右掌在上（图403、图404）。

图403

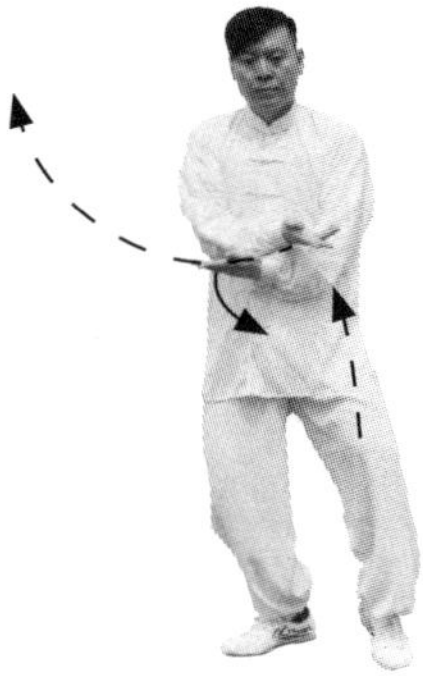

图404

提：

右掌变成勾手沿左掌尖方向向西南方向上提至与肩同高，左膝同时上提，左掌置于小腹前，掌心向上（图405）。

图405

落：

重心下落；同时左脚跟擦地向左跨出一大步，跨步到位后全脚掌落实（图406）。

图406

推：

重心左移；同时左掌掌心向内掌背向外沿拇指方向向左平移至左前方，即东南方向，全身重心略下沉同时翻转左掌至掌心向外，推掌；右勾手微动配合左掌，与之对称。定势时左腿六分劲、右腿四分劲（图407、图408）。

图407

图408

第70式　云手

云手预备势

落：

双手成掌，右手下落划弧至左手下方，至左胯侧（图409）。

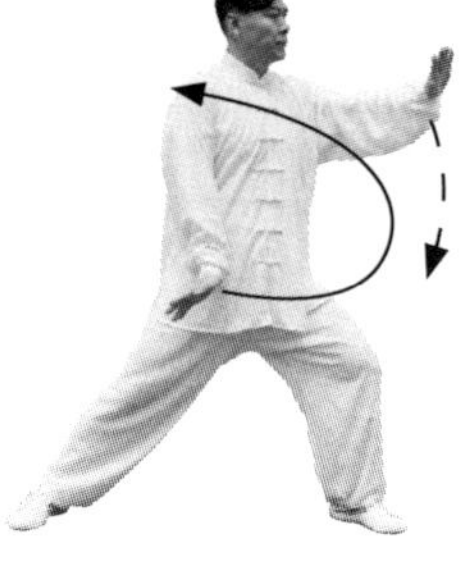

图409

换：

两手在身体左侧上下交换，由左手在上右手在下变为左下右上（图410）。

图410

移：

两手平行向右移动至身体右侧，两手平移时，头部同时转动，目光与手的发力方向一致，目光略早于动作，起到引导作用，身手相随；同时左脚右移半步至两脚与肩同宽位置（图411）。

图411

云手一

换：

两手在身体右侧上下交换，左下右上变为左上右下；右手向下、左手向上运动时，右手在身体远端（外侧），左手在靠近身体的位置（内侧）；重心向左（左腿）移动（图412）。

图412

插：

两手平行向左移动，平移时头部同时转动，手眼相随；同时，重心左移至左腿，右脚抬起左移至左脚左后方（倒插步）（图413）。

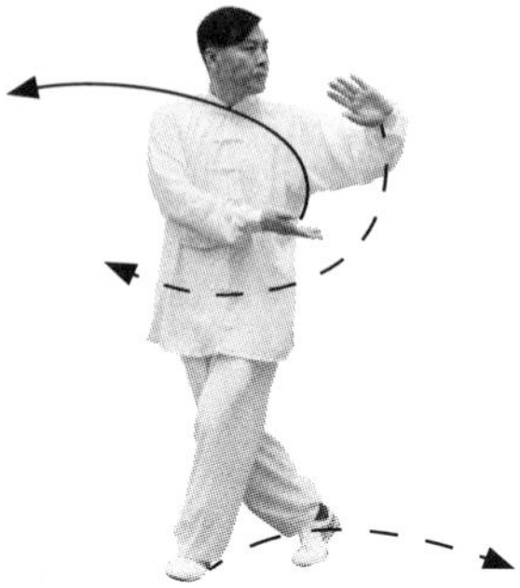

图413

换：

两手移至身体左侧上下交换，左上右下变为左下右上；左手向下、右手向上运动时，左手在身体远端（外侧），右手在靠近身体的位置（内侧）；重心向左（右腿）移动（图414）。

图414

移：

两手平行向右，平移时头部同时转动，手眼相随；同时，重心移至右腿，左脚抬起左移至两脚与肩同宽（图415）。

图415

云手二

换：

两手在身体右侧上下交换，左下右上变为左上右下；右手向下、左手向上运动时，右手在身体远端（外侧），左手在靠近身体的位置（内侧）；重心向左（左腿）移动（图416）。

图416

插：

两手平行向左移动，两手平移时头部同时转动，手眼相随；同时，重心左移至左腿，右脚抬起左移至左脚左后方（倒插步）（图417）。

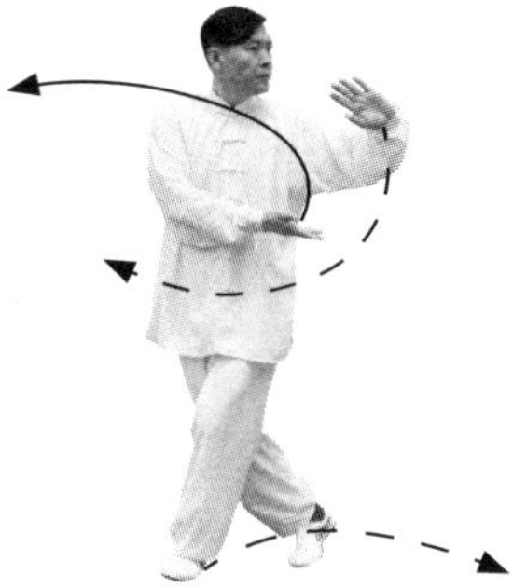

图417

换：

两手移至身体左侧上下交换，左上右下变为左下右上；左手向下、右手向上运动时，左手在身体远端（外侧），右手在靠近身体的位置（内侧）；重心向左（右腿）移动（图418）。

图418

移：

两手平行向右，平移时头部同时转动，手眼相随；同时，重心移至右腿，左脚抬起左移至两脚与肩同宽（图419）。

图419

云手三

换：

两手在身体右侧上下交换，左下右上变为左上右下；右手向下、左手向上运动时，右手在身体远端（外侧），左手在靠近身体的位置（内侧）；重心向左（左腿）移动（图420）。

图420

插：

两手平行向左移动，两手平移时头部同时转动，手眼相随；同时，重心左移至左腿，右脚抬起，左移至左脚左后方（倒插步）（图421）。

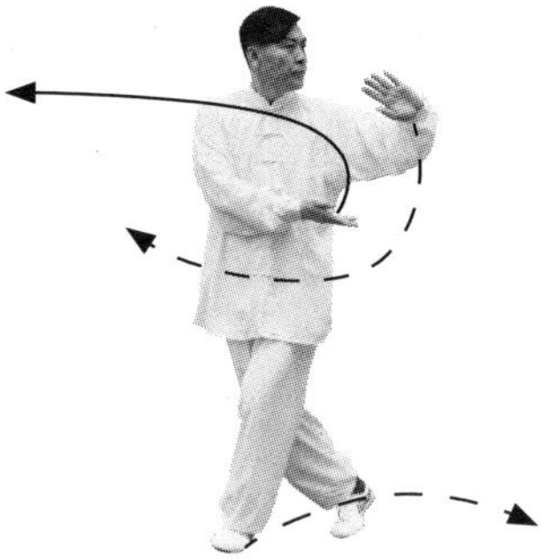

图421

换：

两手移至身体左侧上下交换，左上右下变为左下右上；左手向下、右手向上运动时，左手在身体远端（外侧），右手在靠近身体的位置（内侧）；重心向左（右腿）移动（图422）。

图422

移：

两手平行向右，平移时头部同时转动，手眼相随；同时，重心移至右腿，左脚抬起左移至两脚与肩同宽（图423）。

图423

第71式　高探马

转：

左脚尖外撇，双手在身体右侧隔空合住，右手掌心向上，左手掌心向下，两掌相距一臂距离，如双掌共同握住一个人的手臂，随后身体左转至面向东，同时重心左移，双掌保持隔空合住的状态，在身体右侧经体前向左侧翻转（因身体已转向东，双掌翻转后在身体正前方），翻转经过体前时，右掌与额头同高，左掌与胸部同高，翻转到位后，左掌掌心向上，右掌掌心向下，右掌在前，左掌在后，两掌依旧相距一臂距离，如双掌共同握住一个人的手臂。双掌与心口窝同高。定势时成左弓步（图424、图425）。

图424

图425

托：

身体右转至面向南方，重心移至右腿，成左虚步；同时两手略下落后，分开至身体两侧，手心向上托起（右掌高，左掌低）。目视右手（图426）。

图426

收：

身体再左转至面向东，右掌托起后屈臂下落至右耳附近，收左脚至右脚旁（图427）。

图427

推：

左脚继续移动，后撤一步；右掌自耳侧掌心向前下推至体前，与胸同高；左掌掌心向上收回至腹前，重心后移至左腿，成右虚步（图428）。

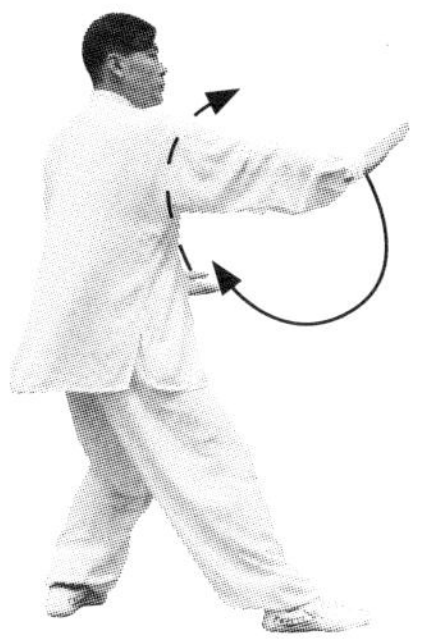

图428

第72式　十字摆莲

十字：

双手向两侧划圈打开后，在腹前合住，重心前移成右弓步。双臂再打开，同时提左膝，并顺势以右脚掌为轴右转身至面向斜后方（西北方）（图429～图431）。

图429

图430

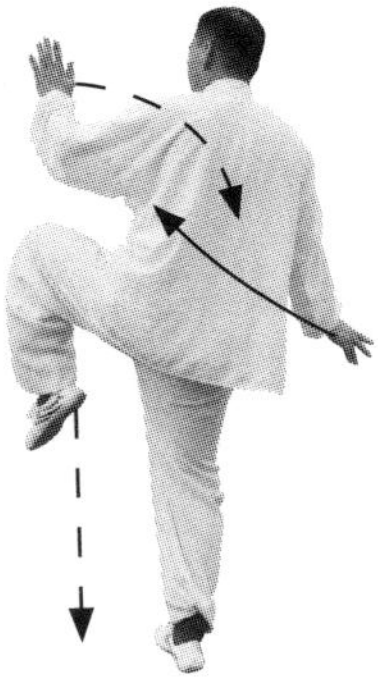

图431

摆莲：

左脚落地，重心移至左脚；双臂胸前交叉合住，右臂在外，左臂在内，双掌掌心向外，提右脚经左侧向右上摆脚，同时以左掌拍击右脚面（图432～图434、图433附图）。

图432

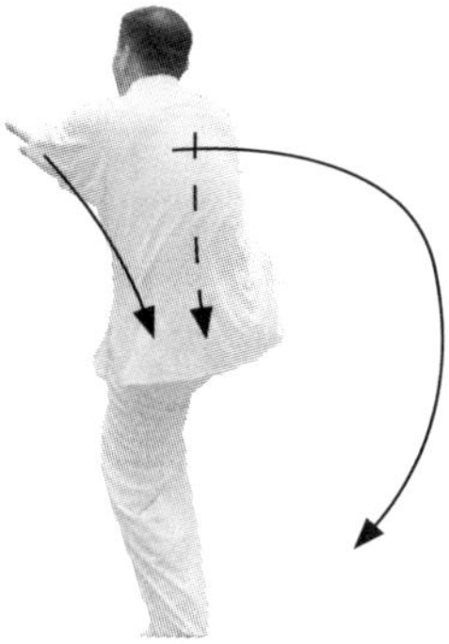

图433

图433附图

图434

第73式　指裆捶

右脚落下，左脚向前（正西）迈半步，双手握拳，左拳收至左眉弓，右拳先下落至体前裆部，随后以拳背领劲，向斜前方（西北）撩击，攻击假想敌的裆部（图435、图436、图436附图）。

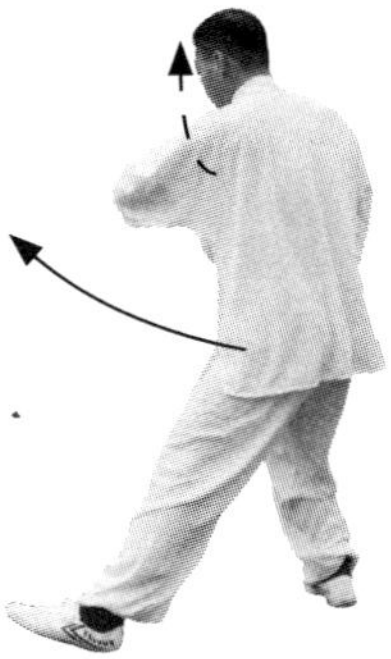

图435

图436

图436附图

第74式　白猿献果

右拳向上、向后、向下、向前再向上划圆，直至向前举起，在右拳向后划圆的时候，以肘领劲右拳跟随，拳心向下，此时重心后移至右脚，左脚尖外撇。在右拳向前划圆的时候，以右拳面领劲，右肘跟随，拳心向上，此时重心前移至左脚。在右拳向上划圆的时候，以右拳面领劲，拳心向内，右拳与口部同高，此时提起右膝，右脚尖自然下垂略绷直脚面，右膝提起方向与右拳前击方向相同（正西）；同时，左拳缓慢落至左腰际，屈左臂，拳心向上（图437～图440、图440附图）。

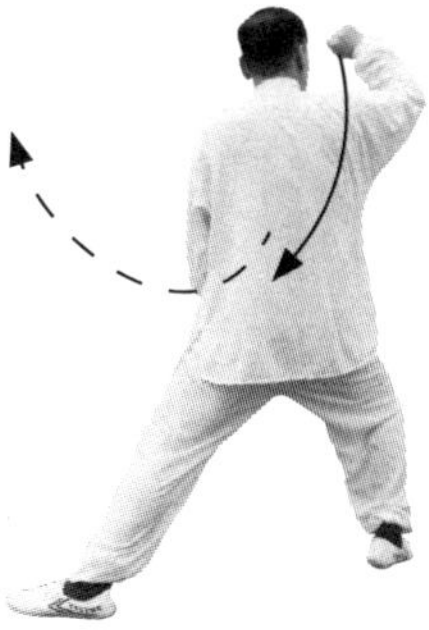

图437

图438

图439

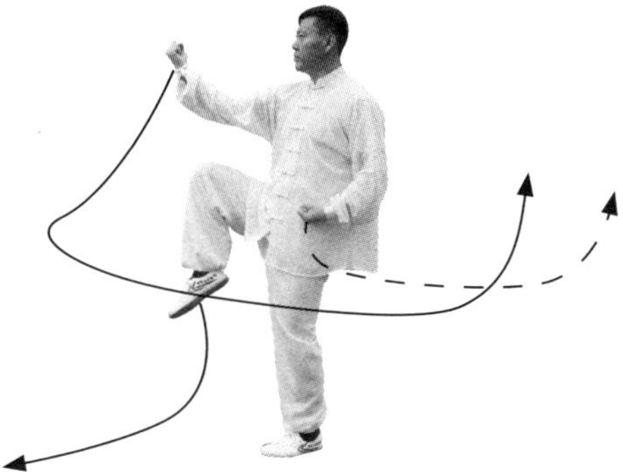

图440

图440附图

第75式 六封四闭

转、托：

双手成掌自然落下，同时右脚在左脚正西方向落地，身体转向面向正南。重心向右略移，左脚尖外撇，随后身体向左转至面向东南方向；双掌随着身体左转落至左胯侧。身手相随。身体转到面向东南后，双手掌心向上，向着东南方由下向上托起至颈部高度，如双手捧起一物的感觉（图441）。

图441

收：

重心转移至右脚，左脚收至右脚旁边，左脚尖点地；转移重心的同时，双掌高度不变，屈臂收回双掌捧在面前，指尖向上，与颈同高（图442）。

图442

转：

身体右转至面向西南方向，双臂维持屈曲姿势，双掌翻转，指尖指向颈部，掌心向右前下方，双掌分别位于颈部两侧前方（图443）。

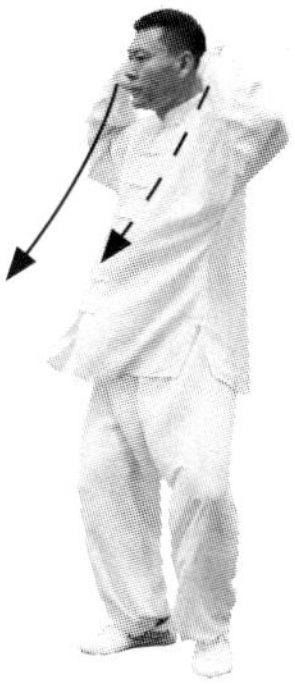

图443

按：

双掌向右前方，即西南方向，沿斜下方向下按，虎口相对，坐腕。定势时双掌与小腹同高，双臂伸直但肘部略微弯曲（图444）。

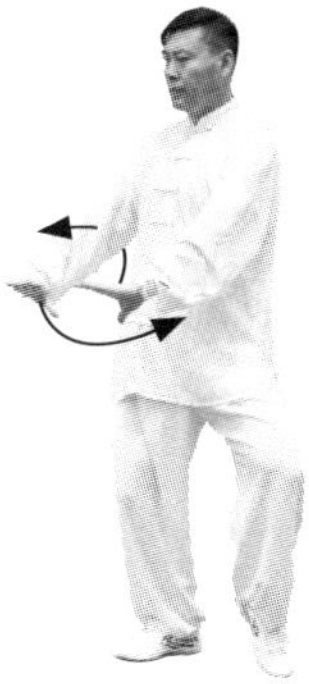

图444

第76式　单鞭

转：

双掌沿逆时针方向，在水平面上各自旋转，左掌在上，右掌在下，至两手腕交叉时，两掌同时上翻，成掌心向上，变成左掌在下，右掌在上（图445、图446）。

图445

图446

提：

右掌变成勾手沿左掌尖方向向西南方向上提至与肩同高；左膝同时上提；左掌置于小腹前，掌心向上（图447）。

图447

落：

重心下落；同时左脚跟擦地向左跨出一大步，跨步到位后全脚掌落实（图448）。

图448

推：

重心左移；同时左掌掌心向内、掌背向外沿拇指方向向左平移至左前方，即东南方向，全身重心略下沉同时翻转左掌至掌心向外，推掌；右勾手微动配合左掌，与之对称。定式时左腿六分劲，右腿四分劲（图449、图450）。

图449

图450

第77式　雀地龙

小圈：

双手握拳，右拳沿左、上、右、下方向，左拳沿右、下、左、上方向同时基本在原位置划小圈，沉肩坠肘，以拳领肘，以肘领肩，身手相随配合（图451）。

图451

大圈：

右拳停在身体右前方（西南方向）基本不动，拳心向内，拳面向上。左拳再沿右、下、左、上方向划大圈，左拳向右划圈时，以小指侧领劲，身体重心向右腿转移，同时躯干右转，左拳移至右前上方（西南方向），与额头同高。左拳向下划圈时，以拳背领劲，身体随着下蹲，成仆步，左拳下落至裆部，拳心向上。左拳向左（东）划圈时，身体保持仆步左转至面向正东，左拳拳面转向正东，拳心向上，以拳面领劲向正东方向移动并上移，同时重心前移成左弓步。右拳虽停在身体右前方基本不动，但也随着左拳的运动形成对拉配合之意（图452～图455）。

图452

图453

图454

图455

第78式　上步七星

拳：

右脚向前（正东）进步，重心前移成右弓步；同时双拳在胸前交叉，拳心向内，左拳在内，左拳面指向右上方向，右拳在外，右拳面指向左上方向，随即以拳背领劲前推（图456、图456附图）。

图456

图456附图

掌：

双脚不动，重心后撤向左腿；同时双拳变成掌，依旧保持交叉向内移动，再双掌下扣，掌心转为向下，随后掌心继续翻转，变为掌心向前，双掌依旧保持交叉状态，此时左掌在外，指尖指向右上，右掌在内，指尖指向左上。随后双掌保持交叉状态向前推出；推掌时，重心再次前移至右腿，成右弓步（图457～图459、图458附图）。

图457

图458

图458附图

图459

拳：

双脚不动，重心再后撤向左腿；同时双掌变成拳，依旧保持交叉，拳心向下、向内翻转，双臂弯曲内收。拳心转为向内后，双拳依旧保持交叉，此时左拳在内，左拳面指向右上方，右拳在外，右拳面指向左上方。双拳以拳背领劲再次前推；同时重心再次前移至右腿，成右弓步（图460、图461）。

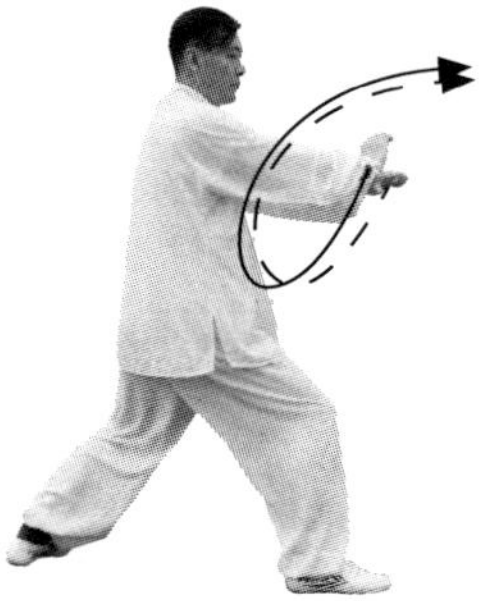

图460

图461

第79式 退步跨虎

退、转:

后退同时，身体右转90°，至面向正南。双拳变成掌，左掌弧形下落至身体左侧腰际，右掌随着转体先右移至身体正前方，掌心向右，与咽喉同高；同时左脚收至右脚旁，脚尖点地。然后右掌向前伸出，与咽喉同高，掌心向左，同时左掌再内收至腹前，双掌虚虚合住，左掌心向右，右掌心向左；同时左脚向前跨出，成左虚步，左脚尖点地，重心完全在右腿（图462、图463）。

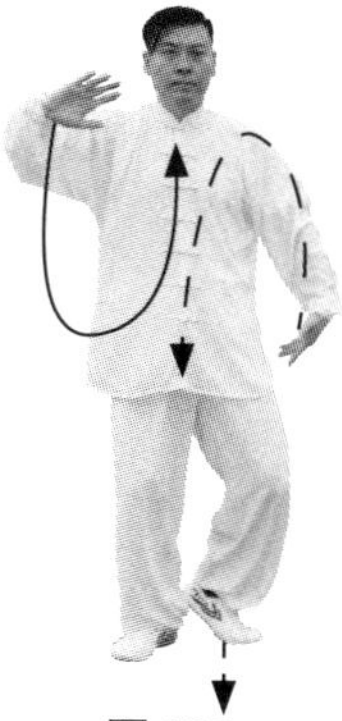

图462

图463

第80式　转身双摆莲

转身：

左脚尖内扣，重心移至左脚，身体右转180°，至面向正北；双掌随着转身向右移至身体右前方，掌心向右，指尖向前，双掌与肩同高（图464、图465、图465附图）。

图464

图465

图465附图

摆莲：

右脚经左向右上摆莲，双掌掌心翻向左侧，以双掌掌心领劲向左划弧，依次拍击右脚脚面（图466、图466附图）。

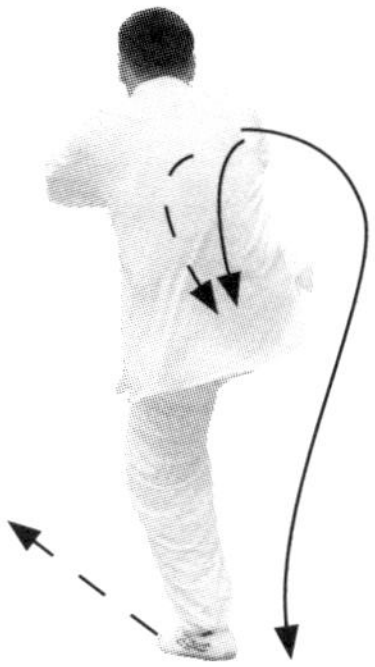

图466

图466附图

第81式 当头炮

落：

右脚自然下落在左脚内侧，重心移至右脚，随即左脚向前迈一步（图467）。

图467

击：

重心前移成左弓步；同时双手握拳，沿向下、向内、向上、向前方向划弧向前（正北）击出，拳心保持向下，双拳与胸口窝同高，左拳在前，右拳在后；身体面向东北（图468、图468附图）。

图468

图468附图

第82式　金刚捣碓

开：

双拳变成掌，右掌直臂向右、向后划圆至东南方向，掌心向右；同时身体右转，重心移向右腿，左脚尖内扣。右臂划圆时，左臂前撑与之对称用力，左掌掌心向左，双掌均略坐腕（图469）。

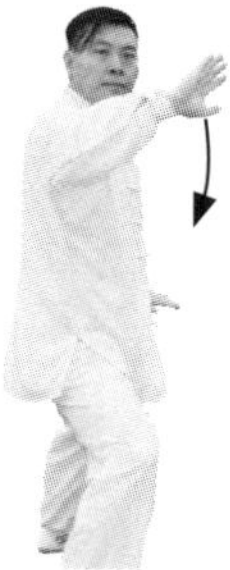

图469

合：

右掌掌心翻转向下，掌心领劲，右臂继续划弧下落，经右胯侧至体前；同时左掌掌心亦翻转向下。随后左臂弯曲，左掌落向右肩前，此时双前臂在体前交叉接触合住，右掌心向左，右指尖指向左下，左掌心向右，左指尖指向右上；重心移向左腿（图470、图471）。

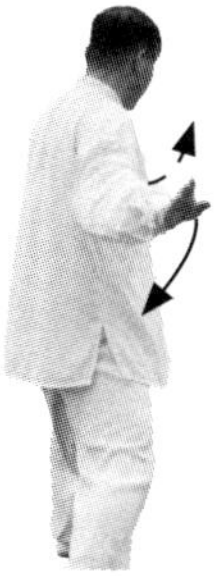

图470

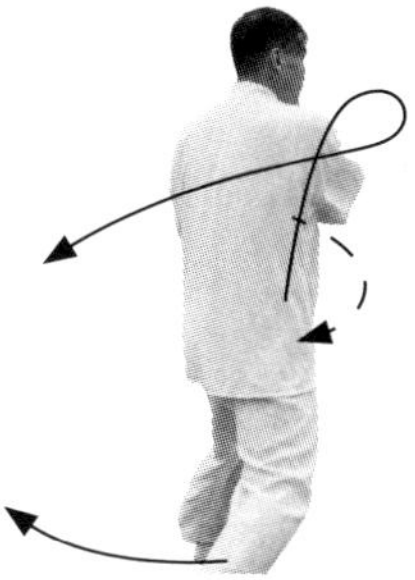

图471

扫：

以左脚为轴，右腿伸直略屈，以脚跟领劲向后扫180°，至身体面向正南；同时，双臂向身体两侧分开，掌心向下，掌缘领劲，双臂伸直略屈，两掌与胸同高。身体旋转到位时，左臂位于正南方向，右臂位于西北方向（图472、图473）。

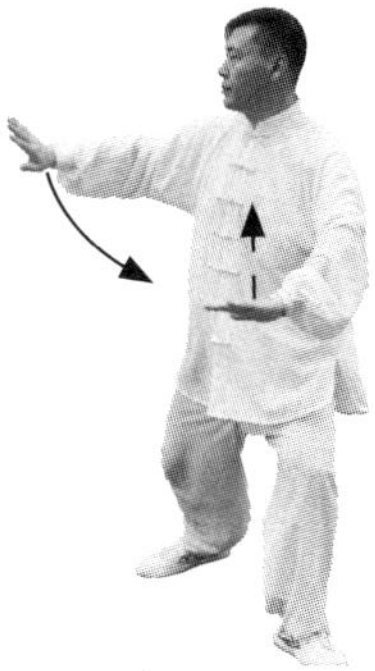

图472

图473

上步：

重心全部转移至左脚，右脚提起向前（正南方）迈出，以脚尖点地；同时右掌掌心领劲先下落，经右胯侧再向前、向上撩，掌心向上，与腹同高；左掌下落与右臂相交，手指如号脉状贴于右腕部位（图474）。

图474

图475

起：

右手握拳，右拳右膝同时向上提起，左掌下按，掌心向下，右拳与左掌有对拉拔长之意（图475）。

落：

左掌翻转至掌心向上，右拳与右腿同时下落，右脚轻落地震脚，右拳落至左掌心里，以右拳背砸掌发声，砸掌与震脚同步（图476）。

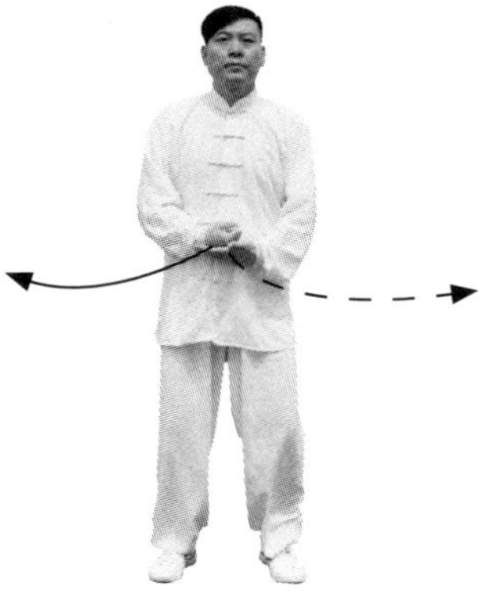

图476

第83式　收势

落：

双手自然下落至身体两侧（图477）。

图477

起：

双手顺势自身体两侧举起，合在身体正上方，手心向下，双手指尖相对（图478）。

图478

落：

双手顺势下按，身体放松，气息顺势下沉，随后双手置于身体两侧，清气上升浊气下降，周身安泰合和（图479）。

图479

附录一

习武经历

笔者于1974年5月出生在东北辽宁省辽阳市弓长岭区。

自幼非常喜爱武术，崇拜文艺作品中武行高强、行侠仗义的仁人仪士。20世纪80年代初，全国都是武术热，笔者那个时候还是个小孩，很喜欢踢踢腿、下下腰，和身边的很多人一块参与武术学习和锻炼，也很爱看些武术方面的书籍杂志，自学一些武术的基础知识。

说到笔者自己的童年经历，还有一个偶然的事情。在笔者年龄很小的时候，看过一本书，书中有一条原则是大小便宜禁口，也就是大小便的时候不应该说话，这样利于养生。因为大小便的时候谷道和尿道开放，如果开口说话可能导致真气外泄。闭口，甚至紧咬牙关，可以保证真气不漏。从那时候起，笔者受这个理论的影响，从小就建立并保持了这个习惯。这个习惯，笔者认为对练功时功力的迅速提升，有很大帮助。还有，笔者个人认为，童子功是有科学基础的。以童子之身，从小习武，对于功力铸基是有所帮助的。但，对于这条也不必拘泥顾虑，不论什么年龄条件，只要按照科学的方法进行习练，还是会取得很好的效果的。

笔者小学和初中都在弓长岭学习。值得一提的是，笔者物理天赋很好，未经过特殊培训，就曾在初中省级物理竞赛获得名次。现在细想想，物理学里面是包含了力学等武术基本原理的，物理学的好，应该与练武术有一定关系。

高中的时候，笔者来到鞍山市重点高中——鞍山八中学习。高考时，以好成绩考入了天津大学。天津大学是中国近代第一所大学，直到现在一直是很好的高等学府。笔者在天津大学学习期间担任了班长，四年内完成了工程热物理和英语两个专业的双学位学习，也以专业第一的成绩毕业并获评优异生，获得保送研究生资格。笔者感谢母校的培养和教育。

考入天津大学，从笔者练武术的角度讲，是一件幸运的事情。因为在天津大学，笔者认识了笔者的形意拳老师李晓庚老师，并经由李老师认识了崔同义老师。两位老师都是传统武术中的顶级高手，内功高超深厚。在形意拳技击方面，两位老师一生中交手无数，不论与传统武术习练者试手，还是与散打搏击运动员切磋，均未尝败绩。在他们年轻的时代，作为传统武术老师，与竞技体育散打搏击运动员一般交手不多，所以，他们的真功夫是经过实践检验的。笔者在系统练习传统武术的初期，就能有机会获得崔老师和李老师这样的顶级武术家的传授，无疑是非常幸运的，因为使笔者少走了弯路，刚开始就得到最正宗的顶级高手引路，知道了最好的武术家练好了是什么样子，知道什么是高级内功，知道什么叫真功夫，为笔者武术功夫的发展打下了良好的基础。

笔者练习传统武术，是太极拳和形意拳同时学习的。笔者在天津的时候，遇到了最好的形意拳老师，但当时没有遇到最合适的太极拳老师。当时，笔者在学校的武术选修课学习了简化太极拳后，感觉很喜欢太极拳，发现太极拳非常适合自己，身体感应很大、很明显。笔者还记得，自己才开始练习太极拳的时候，就感觉到手指尖有强烈的电击感，很震撼。于是，笔者深深地感到与太极拳的缘分和联系，就找来图书馆里的太极拳书籍，从书上自学了杨式太极拳的传统套路。拳经云“入门引路须口授”是对的。笔者那个时候学太极拳没有老师，只是看书来学习，研读书中的拳谱说明文字和图片很吃力，虽然也勉强学会套路了，但学得很慢很难，而且，还一度学得、练得头晕目眩。但总算基本学会了套路。之后，再四处找人询问求教，东学一句西学一句，基本掌握了杨式太极拳。

天津是个传统武术的卧虎藏龙之地，各个门派的高手都很多，很多人名气不大，但功夫特别好。笔者在天津大学学习期间，还认识了练习武式太极拳的杨文博老师。杨老师人也特别好，太极内功功夫也很好，但由于年轻时练拳用功太大，把膝盖练坏了。笔者在天津大学的时候，也经常与杨老师沟通，他给笔者说了很多很好的太极理论和注意事项，对笔者帮助很大。笔者虽然没有习练武式太极拳，但笔者对武式太极拳也算有了解。

笔者在大学期间，第一次见到了冯志强老师。当时，冯老师就已经是武术界的名人大师，功夫和名气都如日中天。当时有天津大学的教师是他老人家的徒弟，所以冯老受邀到天津大学来讲学。笔者在那个时候看到冯老爷子与人推手，可以把人当皮球拍，拍得一起一落的样子，感觉不仅高超，而且很妙，所以笔者作为一个晚辈，见到后十分崇拜冯老。

笔者1997年从天津大学毕业后，选择到北京工作，其中一个重要因素，就是考虑到北京武术高手众多，便于武术的学习和提高。因为笔者对武术的痴迷和热爱，到了北京后，就四处寻访各门派武术高手。那时互联网不发达，不能在网上搜索信息，所以寻访武术高手的方式比较单一，基本上就是每天骑车几十公里，到各个公园去找。

到了北京后，因为笔者之前见过冯老爷子，又很崇拜他，所以很想找冯老学习。但当时，冯老爷子年岁稍微大一些了，而且由于名气也大，希望向他老人家学习的人众多，所以在公园露面机会较少，于是笔者就没有在公园遇到冯老。但很巧的在日坛公园遇到了冯老的一个早期弟子谢志根老师。谢老师是中华人民共和国成立初期的大学生，是知识分子，也是军人，文武双全，功夫也很好。笔者当时与谢老师聊得很投机，因此就向谢老师学习了陈式太极拳，并在后期正式拜谢老师为师。笔者在向谢老师学习期间，接触到冯老，也得到了冯老的错爱，任命笔者为北京武协陈式太极拳研究会的副会长，当时冯老爷子是会长，笔者有幸做冯老的副手，辅助他管理和服务陈式太极拳研究会。谢老师数次带笔者到冯老家中学习，因为谢老师没有学练混元太极拳，笔者得以获冯老亲自指点传授混元太极拳，获益巨大。在此过程中，有个非常值得一提的经历，有一次冯老爷子讲解太极拳的拳理，笔者感觉讲得特别好，自己听了觉得非常有道理。他老人家的讲解，不仅在道理逻辑上特别好，而且笔者自己听得浑身的感觉也特别舒服，听着听着，笔者就感觉，自己从丹田到命门，从前到后整个身体与外界世界的边界消失了，整个身体在丹田与命门的位置和宇宙融为一体了，宇宙能量源源不断地涌入身体，非常舒服，也非常震撼。这样类似的向冯老学习、得到冯老传授的例子还有很多，这里不一一赘述了。总之，笔者非常感恩冯老爷子，没有他的传授、提携和帮助，笔者的太极内功不可能达到今天的水平。

这里需要提一下，后来在习练陈式太极拳的过程中，笔者又认识了冯老的另一个徒弟，马来旺老师。马老师人品醇厚朴实，笔者与马老师非常投机。他的功夫在陈式太极拳技击方面特别突出，属于实战能力很强的传统武术家，笔者在太极拳招式使用用法方面，得到马老师很多指点，获益良多，心中十分感谢马老师。

笔者在北京习练陈式太极拳期间，由于谢老师的辅导站在日坛公园，所以笔者到日坛公园是最多的。在日坛公园里，还有一位太极真大师，那就是练习杨式太极拳的张金恒老师。张老师武功高妙神奇，为人淡泊名利。笔者有幸有缘与张老师相识。张老师不仅功夫特别好，他还通晓一些内功心法，将之传授给笔者。这些内功心法，笔者在别处不曾听到，其对笔者的内功功夫提升具有重大意义。在此之前，笔者已有体会到太极劲力的刚、柔、强、高、妙等，在得到张老师指点后，笔者进一步体会到太极拳的“神”的感觉。具体解释一下，如果是“刚”和“柔”的感觉，人们基本都知道，自然不必多说。“强”的感觉的话，功夫高了以后，也会觉得内外都很强，孔武有力、势不可挡的感觉。“高妙”的功夫也特别好，也属上层功夫。但“神”，则又有所不同。因为，不管对方多强多壮，己力加诸彼身则可令彼无计可施，虽彼有万钧之力而无之奈何，彼力加己身则如堕万丈深渊，不可知不可测，斯谓神技也。笔者和张金恒老师，认识时间不算最久，张老师为人很清阔，甚至拒绝宴请，也谢绝登门致礼，真世外高人也。真心感谢张老师对笔者的指导帮助，感恩张老师的传授之恩。

除上述所述之外，笔者在学拳练拳的过程中，因为多年负责营销工作，所以经常有机会到各地出差。每到一地，笔者都会在工作之余，尽力寻找当地武林高手，心怀尊重、善意、诚恳、谦卑的心态，与其沟通、讨教、交流、切磋。如有动手切磋，并不计较胜败得失，在此过程中，又交了朋友，又可互相学习，对人对己都是非常有益的。这些，也对笔者的武技发展、功夫提升起到很好的作用。在此，笔者也对这些同道、老师和朋友们表示衷心感谢。

笔者在这里很想强调一下，说到与人切磋，尤其是与陌生人动手切磋，是应该很慎重的，应该把握好适当合理的原则。因为与人切磋只是为了提高自己的功夫，印证自己的进步，发展自己的技术，完善自己的理论和实践，提高自己的见识。所以，不可有务必击败对方的想法，不要让对方丢面子，不可心怀强烈的胜负心。应该善居人下，心怀善意，所谓仁者无敌是也。尤其是寻访到的各地高手中，可能多数都是当地的有声望的老师，甚至可能是德高望重的武术大家。所以在切磋过程中，一方面要保护对方的身体，不让对方受伤是必须的；另一方面，也要保护对方的声望和面子。善待别人就是善待自己，维护好了别人，别人也会维护自己。如此心态，功夫才能具备持续提高的基础和动力。

以上就是笔者学拳练拳、修炼内功太极的基本经历。记录下来，供广大朋友们参考，希望其中的有益信息，对广大读者朋友们有所帮助。

附录二

太极拳是养护膝盖的好运动

现在社会上，流传一种说法，说太极拳虽然好，但伤膝盖。这种说法，确实可以举出一些例证，确有很多太极拳练习者，在练习太极拳的过程中，由于方法不对，导致膝盖损伤，非常遗憾，也整体上形成了“太极拳伤膝盖”这样的理解。但其实，这个认知是错误的！

恰恰相反，太极拳不仅不伤膝盖，反而是养护膝盖的非常好的一项运动。

当然，这里有个必要条件，就是练拳一定要得法、适度。只要按照正确的方法，在适当的程度内练习太极拳，对膝盖的健康和养护只有好处，并无害处。正确练拳，不仅不会导致膝盖的疾病，相反，是可以对膝盖疾病有很好的治疗、康复效果的。对于膝盖没有疾病的人，也可以通过练拳，增强关节强度和健康程度，推迟关节出现的自然衰老和退行性变化的时间。

为什么这样说呢？

首先，练习太极拳，可以整体改善人体微循环，利于气血运行，使身体细胞能够得到很好的营养，并及时排出代谢废物。这对于身体任何一个器官和组织都是有益的，包括膝盖。

其次，练习太极拳，能够很好地锻炼腿部肌肉，使其变得强壮，而强健的腿部肌肉可以帮助稳定膝盖的结构，避免由于肌肉力量不足而造成膝盖关节的异常扭曲，保护膝盖免受伤害。

再次， 得法、适度练习太极拳，会对膝盖形成良性刺激。对人体来说，良性、适度的刺激，不会损害身体，都是有利于机体健康的。

最后，长期练习太极拳的人，会具备一些良好的运动习惯，这对膝关节的保护而言，也是非常有利的。比如，长期练拳的人，走路的姿势，都是比较端正的，肢体各部分之间动态结构和受力关系是比较协调的，不会出现扭曲的关节动作，可以使膝关节在正常角度内和范围内活动，不容易造成关节的意外损伤。再比如，长期练拳的人，走路时步伐有力但比较轻柔，各关节之间会习惯性地缓冲，不会对关节造成严重的冲击。这样也可以对关节形成保护。

综上所述，练太极拳，对膝盖是非常有好处的。

说到这里，关键的问题来了，练太极拳时，怎样才是得法、适度？

什么叫适度？最好理解，就是根据自身身体情况，不要运动过度。也就是俗话所说的，避免练拳练功“过力”。过力的话，不仅膝盖会出问题，整个身体也会出现问题。如果过力严重，即使练拳得法，知道并遵守了所有正确的原则，膝盖也是有可能出问题的。这在一些专业习练者中并不罕见。但一般来说，普通人每天练拳一个小时左右，是没有任何问题的，不会造成膝盖问题。如果是膝盖患病的习练者，就需要根据自身情况，根据膝盖病情的严重程度，量力而行，适当减少练习时间和减轻练习力度，也是可以的。

怎样才算是练拳“得法”？得法，顾名思义，就是得到了正确的方法，也就是掌握正确的方法进行练拳。那么，怎样练拳，才算是不伤膝盖的正确方法呢？

有的人说，练拳时，架子不要太低，可以减少膝盖的受力，进而保护膝盖。这是有一定道理的。拳架高低需要根据自身膝盖状况，量力而行。但拳架高低也要适度。拳架太高的话，不容易进入很好的练功状态，练拳的效果就会大打折扣。而且，只要掌握正确的方法要领，在量力而行的前提下，拳架适当低一些，也是没有问题的。

有的人说，练拳屈腿时，膝盖不要超过脚尖。这有一定道理，做马步和弓步时，膝盖不应超过脚尖，这样的角度，其实有利于身体整体力的发挥。但这种说法其实并不全对，因为，仆步的时候，膝盖超过脚尖是没有问题的。歇步的时候，膝盖也是可以超过脚尖的。

有的人说，要始终保持脚尖方向与膝盖方向一致。这一条，对于以健身为目的的人来说，是应该可以坚持的。但这一条并不是固定的原则，比如，陈式太极拳有些摔法是利用膝盖的横向磕碰来破坏对方的身体平衡的。其练法和用法中，也有膝盖缠绕的动作。在膝盖进行横向磕碰和缠绕时，膝盖方向与脚尖方向就会产生角度，方向并不一致。那么，应该如何掌握这个原则呢？首先，非重心腿的膝盖进行横向运动和缠绕，是没有问题的。如果用重心腿的膝盖进行横向运动和缠绕，作为技击上的应用，运用不当的话，是存在隐患的，有可能对膝盖造成损害。那么，喜欢太极拳技击的朋友，需要放弃这样的应用吗？其实也不用。只要控制好动作的幅度和力度，掌握好大腿、小腿的角度，并注意使用的次数和频率，在适当的范围内，膝盖也是可以承受的，这就全在个人控制了。

还有一条需要注意的地方，就是避免重心腿的旋转运动。这是比较重要的一条。有的太极拳招式，有重心腿的旋转动作。并不是说练拳时不能出现重心腿旋转的动作，而是说，这样的动作，运用时需要特别注意，不易操控，运用不当是容易对膝盖造成损伤的，可以考虑尽量避免。

还有很重要的一点，练拳之前，要热身，活动全身关节，进行准备活动，这是一定要的。不仅对于膝盖的保护，对整个身体而言，练拳之前进行热身，是常识，是必要的前提。

除了以上的讨论，这里想着重提出一个概念，练习太极拳不伤膝盖的正确方法，关键在于，要做到“活膝”。

“活膝”具体指什么呢？

是说，运动时，膝盖应该放松，随意向各个方向活动吗？当然不是。膝盖的运动，应该是在其关节正常活动的角度内和范围内进行屈伸运动，不能随意向侧面扭曲受力的。

那么，“活膝”是什么意思呢？众所周知，练习太极拳，要做到一动无有不动，在每招每式的运动过程中，全身都不能停滞，包括两腿的膝盖，应该始终处于活动之中，都有屈伸的变化，不应该静止不动，只有在定势的时候，会静止一瞬间，其余的时间，膝盖都是在不停的屈伸活动的。很多人在练拳的时候，做某些动作，两条腿呈半蹲状态，维持角度基本不变，就像蹲静止马步那种状态，然后上身进行动作，两条腿是僵硬的，膝盖在僵硬的状态下保持不动，这就是膝盖僵死的状态，可称为“死膝”。这样练拳方式本身是错误的。膝盖保持僵死的状态，会阻碍气血运行，使膝盖局部过度疲劳，极易造成膝盖损伤。而且，如果膝盖处在不停地弯曲、伸直的运动中，那么关节内部的受力点是始终在变化的，受力的部位处于疲劳状态，不受力的部位处于恢复状态，属于良性动态循环；如果膝盖角度固定，膝盖关节内部受力部位不变，局部持续受力，会大大增加受损伤的概率。试想，膝盖本来就是人身体上相对比较脆弱的关节，练拳的时候，很长时间里在膝盖负重承压的情况下，保持着僵死的、气血不通畅的状态，受力又集中，不出问题才怪！再加上太极拳是复杂的全身运动，有些运动动作的不正确、不科学，给本来就处于僵死状态的膝盖造成更多损害，就更容易伤膝盖了。对于“太极拳伤膝盖”的事例和认知，大概由此引起。

所以，为避免练拳过程中损伤膝盖，要做到“活膝”是至关重要的。这就要求在太极拳的练习中，两条腿应该始终处于自然的反复屈伸活动中，没有僵硬僵死的状态。多数动作两腿是交替屈伸的，也就是说，左腿伸直的时候，右腿弯曲起来，右腿伸直的时候，左腿弯曲起来。这种交替屈伸，使得重心在两腿之间来回转换，会避免腿部包括膝盖出现过度疲劳。但从一条腿来看，负重腿的膝盖是反复地在做弯曲、伸直、再弯曲、再伸直的动作，其本质上也就是反复地在做紧张、放松、再紧张、再放松的动作。这里要注意的是，膝盖在做弯曲、伸直、再弯曲、再伸直这样动作的时候，应该是弯曲时紧张，伸直时放松，这就达到了“活膝”的要求，但如果只是外形上不停的弯曲和伸直，但内部却处于弯曲时紧张，伸直时也紧张，没有放松，那也不是“活膝”，只是貌似“活膝”实为“死膝”了，或者可以称为“半活膝”，也不是完全正确的。

大家在练拳的时候，可以自己检查一下，做每一个动作的时候，是否做到“活膝”。是否做到“活膝”，简单来说可以总结为以下三点。

1. 动作不能僵硬僵死，膝盖应该是始终屈伸运动的，至少是微动。

2. 劲力不能持续紧张，要有松有紧，松紧交替。这样的话，膝盖受力的大小应该始终处在逐渐变化之中，其受力曲线基本上类似于一个位于第一象限的正弦曲线。把负重腿变为非负重腿时，要逐渐放松。把非负重腿变为负重腿时，要逐渐紧张。负重腿虽紧，仍有松之意。

3. 意念上，把意念重点放在非负重腿上，把意念重点放在放松的动作上，体会松活之意。负重腿为“阳”，非负重腿为“阴”。对于初学者来说，应以“阳”为主，以“阴”为辅，把意念放在负重腿上。但对于有一定基础的习练者来说，适当时机把意念重点放在非负重腿上，以“阴”为主，以“阳”为辅，进行体悟，是非常有价值的。如果做得好，内功功力会得到飞跃提升。此亦为秘传之法是也。今公开之，愿您受益。

强调“活膝”这个概念，对于太极拳的练习，是非常有必要的。膝盖作为人体运动器官中非常重要的结构，对于武术运动是很重要的一个环节。形意拳里，有关于膝盖的要领（顶膝），而太极拳，作为讲究细节细微全身运动的武术门派，却没有专门相应的理论来指导膝盖部位的要领，太极拳的理论体系确实是有所缺憾的，这也就难怪，练太极拳的很多人有伤膝盖这个现象了。当然了，武术的理论和实践，始终都在不断发展与完善，敝人今天抛砖引玉，提出“活膝”这个概念，希望对广大的太极拳习练者有所帮助，也希望圈内各位老师、同行、朋友们，多多批评指正。应该说，练拳时注意“活膝”，是符合太极拳整体理论要求的，不仅对膝盖有好处，对练拳内功功力的提高，也是非常必要和有帮助的。也就是说，膝盖有问题的人，练拳尤其需要注意“活膝”，即使膝盖没有问题的人，练拳时，也应该注意“活膝”的要领。

综上所述，练习太极拳，只要适度、得法，并不会损伤膝盖，相反，是会对膝盖具有很好的养护、保健作用的，也会对膝关节疾病有适当的康复疗效。喜爱太极拳的朋友们，在适度、得法的原则下不必顾虑，不必担心，是可以放心大胆地练习太极拳的。

（本文为作者于2019年发表于杂志之文章。
略作修订，附录于此，供广大读者参考）

附录三

太极拳能实战吗？

本人习练传统武术太极拳几十年，有很多想与广大武术爱好者分享的东西。所以，最近集中精力想写一些关于太极拳的文字。关于具体写些什么内容，笔者在网上进行了搜索。搜索之后发现，关于太极拳这个当今知名度最高、普及率最广的中国传统武术，现下最热的话题不是“怎样练好太极拳”或“练太极拳有什么好处”，而是“太极拳能否实战”或者“太极拳能打吗”这类话题。

鉴于此，笔者希望讨论一下这个问题。关于太极拳能否实战，首先，笔者想给予一个肯定的回答：能。

说到这里，其实，话题还没有办法深入讨论。因为，众人所说的实战，具体是什么意思呢？

这个问题很关键。

那么，什么叫实战？如何定义实战呢？

比如，练太极拳的两个人切磋推手，互相变换虚实，化劲发劲，破坏对方身体平衡。屈伸吞吐之间，引进落空，发人丈外，这其实很体现功力，体现了人的速度、应变、协调性、灵敏度、整体性等，但这叫实战吗？很多人认为，这不是实战。笔者也同意。这可以叫切磋，不能叫实战。这里，笔者想特别指出的是，多数人因为不了解，可能会认为推手切磋很文明、不暴力，也很安全，对参与人员是没有任何伤害的。这其实是一个误解，民间的推手切磋，其实是应该慎之又慎的，陌生人之间不可轻易动手切磋。因为稍有不慎，很容易致伤、致残，头破血流、骨折住院的情况时有听说，甚至偶有致死的案例的。所以，习武之人，不论修炼哪种武术，都还是应该心怀善念，手善心善，不可意气用事，要谨慎切磋，善于保护自己，也要心怀慈悲尽力保护他人，才是正道。水平越高，胆子越小，是一句用在老司机身上的俗话，其实也可以用在习武上。没有经过特殊训练的普通人，身体其实很脆弱，稍不注意很容易就被打坏了。

好的，不扯远了，接着说，那么两个练摔跤的人，穿上跤衣，上跤场，你来我往，摔得不亦乐乎，这叫实战吗？这应该也不能叫实战，这可以叫比赛，也可以叫切磋，也可以叫竞技，但应该不能叫实战。因为，不能打，不能踢，不能擒拿。因为有限制，所以不是实战。

那么，拳击比赛算不算实战？可能有的人会认为拳击可以算作实战，因为拳击比赛可以很血腥，可以把人打坏打伤，历史上也有拳手在拳击比赛中身亡。但实际上，拳击比赛对技击的限制显然非常多，武术的很多技法是不允许使用的，只能拳打，不能踢，不能擒拿，不能摔，也不能肘击膝击。击打的部位也有诸多限制。所以，从这个角度来说，拳击比赛只是比赛，只是一项竞技运动，远远不是实战。

那么，咱们中国的散打比赛算是实战吗？有的人认为可以算作实战。原因是比赛比较硬碰硬，比较容易受伤，也有比赛出现选手身亡的事故。但是，散打比赛也只是比赛，限制很多，不允许运用地面技，对肘击等也有限制。

泰拳呢？泰拳比较生猛，不论训练还是比赛，对拳手的身体健康损害很大，头破血流司空见惯，伤残甚至死亡也时有听说，普遍认为泰拳手因为训练和比赛的原因寿命很短，属于很狠很残酷，可以说是接近玩命的比赛吧。即便如此，泰拳对技击限制也是很多的。明显的限制就是打翻在地就不能再打了。

说到这里，可以明确，对于实战的定义，应该是不能够以参与人身体受伤损的程度来判断的。不论上述的太极推手、摔跤、拳击、散打、泰拳等，都是有很多伤害的案例，也有不少极端致死的案例发生。看来，是否是实战，不能以参加人员身体受到伤害的程度来判断的，只能以比赛是否受限来判断。

那么，还要说一下，终极格斗是否算实战?

关于终极格斗，有些人的认识比较模糊。有的人认为，像终极格斗冠军赛（UFC）这样的比赛，踢打摔拿都允许，打倒了还接着打，直到对手认输或者被裁判判断失去格斗能力才算为止，这样的比赛是无限制的。其实，这是一个误解。UFC这样的比赛只是综合格斗，虽然可以使用各个武术流派的技法，也可使用踢、打、摔、拿、肘膝、地面技巧等，但是，这些比赛并不是无限制的格斗。不仅不是无限制，还限制很多。就以UFC赛事举例，其比赛的限制包括[1]：

1. 头顶。

2. 对眼睛的攻击。

3. 咬人。

4. 揪头发。

5. 鼻孔，耳朵眼，口腔以及对手已有伤口的抠挖、撕扯等。

6. 裆部的攻击。

7. 对小关节（如手指关节）的攻击。

8. 对脊柱和脑后的攻击。

9. 用肘从上向下的打击（其他的肘部攻击允许）。

10. 打击或掐对方喉部。

11. 掐，扣，挠等行为。

12. 抓对方锁骨。

[1] 新浪网. UFC终极格斗冠军赛规则：五大级别　30种犯规被禁止[EB/OL]. [2011-05-27]. http://sports. sina.com.cn/o/2011-05-27/ 17475597891.shtml.

13. 踢倒地的对手的头部。

14. 用膝攻击倒地的对手的头部。

15. 踩踏倒地的对手。

16. 脚后跟踢打对方肾脏。

17. 使劲将对手的头或者颈部按向赛场地面的行为。

18. 将对手扔出笼外的行为。

19. 揪扯对方的短裤或手套。

20. 向对方吐口水。

21. 违反体育精神的伤害对手的行为。

22. 手抓围笼。

23. 辱骂行为。

24. 在比赛中止期间攻击对方。

25. 攻击已经受到场上裁判保护的对手。

26. 比赛结束的针声响过后攻击对手。

27. 无视场上裁判的指示。

28. 逃跑，装伤，故意使护齿频繁脱落的胆小怯阵的行为。

29. 己方助手席的扰乱行为。

30. 比赛进行中扔毛巾。

对，UFC限制很多，除了不允许小关节技、不允许攻击裆部等，也不可以吐口水，不许骂人（不许心理攻击）。

好了，这样就得出结论，UFC之类的综合格斗，并不真的是无限制格斗，也就不是实战。

那么，无限制格斗的真实定义是什么呢？

无限制格斗，顾名思义，也就是格斗双方，没有任何限制，随意使用任何方式技法攻击对手。这样的格斗，可以在其过程中进行任何种类和方式的攻击，包括踢、打、摔、拿、肘击、膝击、肩靠、地面技，也可以咬人，攻击部位可以任意插眼、掏裆、锁喉、掰手指头，也包括采取任何手段，抓把土撒对手眼睛、偷袭、吐口水（心理攻击）等手段，这种无限制的格斗，确实是实战。

既然是实战，没有任何限制，那么场地也就是没有限制的，不一定在擂台上，可以在任何场地进行。包括街头巷尾，商场办公楼，荒郊野外，高山大海，悬崖峭壁，荒漠戈壁等地，总之在哪里都可以。

既然是无限制的实战，那么也就不限于徒手，是可以使用各种武器、护具和机械设备，应用各种手段，可以顶盔掼甲，可以挥刀舞棍，可以弯弓射箭，也可以骑马，开坦克装甲车，也可以水淹火攻，可以飞机大炮原子弹，都是可以的。这个，没有任何限制，确实是实战。

既然是无限制的实战，参与人数也是没有限制的，可以一对一、一对多，也可以多对一、多对多，还可以一百万对一千万，这样的战争，确实是实战，这才是真正的实战。

对于这样的实战，往小了说，就是个人之间的争执冲突打斗，大一点，就是群体、部落、帮派之间的战斗，再往大了说，就是国家与国家之间的战争。这些，是真正的、实际的实战。

回到文章最开始，笔者在文章开始时说了，关于太极拳能否实战这个问题，笔者给予了一个肯定的回答：能。现在，所讨论的真实的实战定义，可能和您开始设想的有所不同，但在这样的实战定义下，回答仍然是肯定的，太极拳是可以用于实战的。

具体如何用于实战呢？比如，如果两个国家之间发生战争，在此情况下，从微观来说，太极拳可以用作促进军人健康和强壮程度的手段，是有用的。可以用来促进伤员的康复，也是有用的。练太极拳可以提高人的运动速度、反应速度和机敏程度，这对于前线的战斗人员来说，是非常有用的。练太极拳久了，可以更深层次理解借力打力、四两拨千斤、引进落空、化解对方攻击、以逸待劳等战略思维，这些都可以有效使用在实际战争指挥之中。所以，太极拳，是可以用于实战的。

说到这里，关于太极拳能否实战的问题，其实就说完了。答案也是肯定的：能。

但笔者相信，就刚才所进行的计论，以及对实战定义理解的不同，笔者的这个回答，可能与很多人期待的不一样。那么不妨进一步进行讨论，笔者想，人们在问“太极拳是否能用于实战”的时候，他们真正关心的真实意思很可能是如下两种：

1. 多数人所理解的实战，其实只是某种竞技，或者某种比赛，一个游戏而已。比如刚才所说的拳击比赛、散打比赛、综合格斗比赛等。他们问“太极拳能否实战？”时，其实他们真的想问的很可能是太极拳能否用于像散打那样的擂台比赛？或者太极拳能否用于像UFC那样的综合格斗比赛？更准确一些，他们问的应该是太极拳能否用于某种特定场地条件下、一对一、徒手不用器械、除拳套护齿护裆外不用护具，在不许攻击眼睛和裆部等规则限制下的比赛和竞技？

2. 他们想问的是，太极拳能否在遇到歹徒、犯罪分子危害人身财产安全甚至危及生命时，用于保护自己和身边的人？

对于这两个问题，请容笔者一一道来。

第一种情况，太极拳能否用于搏击竞技比赛？对于此问题，应该说，太极拳是可以用于这样的比赛和竞技的。但是，必须针对比赛规则进行足够的适应性训练和准备。比如拿笔者来说，笔者练习传统武术几十年，传统武术要练到内外合一整体力；要练得会松劲、化劲、发劲、寸劲、空劲、弹抖力；要练踢打摔拿膝肘肩靠等，这些都练到了，自然而然就会获得极快的速度。笔者在没有特意专项训练的情况下，通过放松自然修炼，不求而得了速度，每秒可以直臂击拳10次、前击肘10次、单肘前击7次，实现了世界最快肘击。笔者在网上看到有跳绳世界纪录是差不多每秒9次，没有经过任何这方面训练的笔者试了一下，也可以每秒跳9～10次的样子。这都是通过练拳，修炼太极内功获得的速度，并非天生神速。传统武术练到笔者这种程度基本还凑合吧，可以轻松创造人类极限速度了。但如果让笔者现在直接参与擂台比赛的话，笔者认为，自己的败率很高。其原因有二，一是缺乏足够的适应性抗击打训练，二是适应擂台比赛的体能问题。首先，这样的比赛因为规则的原因，基本都是互有击中的，极少能出现一个人只打人不挨打，另一个人只挨打不打人的状态。一击而杀，是非常罕见的。这样的话，就要求选手有抗击打能力。而练习传统武术的人，虽然平时也有抗击打训练，但其并不适应擂台竞技的抗击打要求。如果要打擂台，就要针对擂台竞技的要求，进行适应性的抗击打训练。既要提高身体的强度，使机体在受到较重击打或冲撞的时候，不会因为击打冲撞造成的物理损害而丧失持续技击能力，又要降低身体的疼痛敏感度，使身体在受到击打时不会因为感觉过于疼痛而无法继续进行竞技。其实，疼痛感是个好东西，可以保护身体免受更严重的伤害，但对于擂台竞技来说，在相互击打的过程中，身体受损是无法避免的，所以就要使身体痛觉感知系统变得更加迟钝，最好是基本感觉不到疼痛，这样才更容易在擂台竞技中获胜。

然后，就是适应擂台比赛的体能问题。根据擂台竞技的具体时间设定，比如一共多少个回合，每个回合多少分钟，对参与人员的体能是有所要求的。这和传统武术习练者平时的运动强度不同。习练传统武术的人，基本上还是以促进身体健康为最重要的原则，对身体潜能的开发，也是本着顺其自然的原则，不会杀鸡取卵、涸泽而渔。在此原则基础上，确定训练强度，而且强调不能过力。但对于擂台竞技来说，获胜是最重要的，为了比赛能赢，需要进行高强度训练，会在一定程度上损害身体健康，也是不可避免的。

综上所述，从练习传统武术中获得的运动速度、应变速度、爆发力、整体力、协调性等方面来说，对于擂台竞技是非常有帮助的。而传统武术特有的寸劲等可以贴身击打的技法，是其他武术类别所没有的，在擂台竞技中，尤其是在贴身缠斗中，是可以发挥特有的效用的。但为了适应擂台竞技的需要，传统武术的习练者就必须在抗击打和体能方面进行适应性专项训练，才能在擂台竞技中获得好的成绩。也就是说，太极拳能用于擂台竞技，但需要进行针对性训练。

第二种情况，太极拳能否在遇到歹徒犯罪分子危害人身财产安全，甚至危及生命时，用于保护自己和身边的人？

经过前面的讨论，已经清楚，通过练习太极拳是可以提高一个人的速度、力量、反应敏捷程度、协调性、爆发力的，也能锻炼人的意念意志和精神能力。这些能力和素养在遇到极端危险的情况时是有用的。当然我们不能说，经过长期练习太极拳，就一定能在遇到极端危险的情况下保全自己，也要具体情况具体分析，但总之是非常有帮助的。需要说明的是，个人在遇到歹徒危害财产或人身安全甚至生命时，也属于完全的实战范畴，可以采取任意手段保护自己，避免歹徒实施犯罪行为。如果危及自己的生命安全，一般来说，应采用最极端的手段来攻击歹徒，根据法律正当防卫的规定，用最大把握的伤害手段攻击歹徒，保护自己的安全。就是说，在被歹徒危及生命时，就应该以使歹徒彻底丧失攻击能力为目的和原则，果断无保留地进行攻击，不可犹豫手软。

故此，综上所述，不论实战的定义如何，都可以肯定，太极拳是可以用于实战的。当然了，因为太极拳的训练体系比较系统，既训练肢体运动，也进行意念训练，既有宏观动作，也要掌握细微的控制，既要在紧张的情况下完成运化，也要在放松的情况下进行攻击和防守，需要对身体和意念进行整体精确动态控制，所以，这样的修炼体系，是非常复杂的，实施起来也是很不容易的，需要非常长的时间才能获得好的锻炼效果。因此，练习太极拳时间不久的人，是不容易掌握的。这可能也是人们怀疑太极拳能否用于实战的原因吧。还有就是，练太极拳的人也要有自知之明，不可盲目自信，要知道自己哪些方面是强项，哪些方面是弱项，也要知己知彼，这样，在与人竞技或万一遇险时，才能扬长避短，方能取胜。

（本文为作者于2019年发表于杂志之文章。
略作修订，附录于此，供广大读者参考）

附录四

内功太极修炼之经典参考

太极拳论

王宗岳

太极者，无极而生，动静之机，阴阳之母也。动之则分，静之则合。无过不及，随曲就伸。人刚我柔谓之走，我顺人背谓之黏。动急则急应，动缓则缓随。虽变化万端，而理唯一贯。由着熟而渐悟懂劲，由懂劲而阶及神明，然非用力之久，不能豁然贯通焉。

虚领顶劲，气沉丹田。不偏不倚，忽隐忽现。左重则左虚，右重则右杳。仰之则弥高，俯之则弥深。进之则愈长，退之则愈促。一羽不能加，蝇虫不能落。人不知我，我独知人。英雄所向无敌，盖皆由此而及也。

斯技旁门甚多，虽势有区别，概不外壮欺弱，慢让快耳。有力打无力，手慢让手快，是皆先天自然之能，非关学力而有也。察“四两拨千斤”之句，显非力胜，观耄耋御众之形，快何能为。

立如秤准，活似车轮。偏沉则随，双重则滞。每见数年纯功，不能运化者，率皆自为人制，双重之病未悟耳。欲避此病，须知阴阳。黏即是走，走即是黏。阴不离阳，阳不离阴，阴阳相济，方为懂劲。懂劲后愈练愈精，默识揣摩，渐至从心所欲。

本是舍己从人，多误舍近求远，所谓“差之毫厘，谬之千里”，学者不可不详辨焉，是为论。

十三势歌

十三总势莫轻视，命意源头在腰隙。
变转虚实须留意，气遍身躯不少滞。
静中触动动犹静，因敌变化示神奇。
势势存心揆用意，得来不觉费功夫。
刻刻留意在腰间，腹内松净气腾然。
尾闾中正神贯顶，满身轻利顶头悬。
仔细留心向推求，屈伸开合听自由。
入门引路须口授，功夫无息法自修。
若言体用何为准，意气君来骨肉臣。
想推用意终何在，益寿延年不老春。
歌兮歌兮百四十，字字真切意无遗。
若不向此推求去，枉费工夫贻叹息。

太极拳解

武禹襄

身虽动，心贵静，气须敛，神宜舒。心为令，气为旗，神为主帅，身为驱使。刻刻留意，方有所得。先在心，后在身。在身，则不知手之舞之，足之蹈之，所谓一气呵成、舍己从人、引进落空、四两拨千斤也。

须知一动无有不动，一静无有不静。视动犹静，视静犹动。内固精神，外示安逸。须要从人，不要由己。从人则活，由己则滞。尚气者无力，养气者纯刚。

彼不动，己不动；彼微动，己先动。以己依人，务要知己，乃能随转随接。以己黏人，必须知人，乃能不后不先。

精神能提得起，则无迟重之虞。黏依能跟得灵，方见落空之妙。往复须分阴阳，进退须有转合。机由己发，力从人借。发劲须上下相随，乃能一往无敌。立身须中正不偏，方能八面支撑。静如山岳，动若江河。迈步如临渊，运劲如抽丝。蓄劲如张弓，发劲如放箭。

行气如九曲珠，无微不到。运劲如百炼钢，何坚不摧。形如搏兔之鹘，神似捕鼠之猫。曲中求直，蓄而后发。收即是放，连而不断。极柔软，然后能极坚刚。能黏依，然后能灵活。气以直养而无害，劲以曲蓄而有余。渐至物来顺应，是亦知止能得矣。

又曰，先在心，后在身。腹松，气敛入骨，神舒体静，刻刻存心。切记一动无有不动，一静无有不静。视静犹动，视动犹静。动牵往来气贴背，敛入脊骨。要静，内固精神，外示安逸。迈步如猫行，运劲如抽丝。全身意在蓄神，不在气，在气则滞。尚气者无力，养气者纯刚。气如车轮，腰如车轴。

又曰，彼不动，己不动，彼微动，己先动。似松非松，将展未展，劲断意不断。

太极拳术十要

杨澄甫

一、虚灵顶劲　顶劲者，头容正直，神贯于顶也。不可用力，用力则项强，气血不能流通，须有虚灵自然之意。非有虚灵顶劲，则精神不能提起也。

二、含胸拔背　含胸者，胸略内含，使气沉于丹田也。胸忌挺出，挺出则气拥胸际，上重下轻，脚跟易于浮起。拔背者，气贴于背也，能含胸则自能拔背，能拔背则能力由脊发，所向无敌也。

三、松腰　腰为一身之主宰，能松腰然后两足有力，下盘稳固。虚实变化皆由腰转动，故曰“命意源头在腰隙”，有不得力，必于腰腿求之也。

四、分虚实　太极拳术以分虚实为第一义，如全身皆坐在右腿，则右腿为实，左腿为虚，全身皆坐在左腿，则左腿为实，右腿为虚。虚实能分，而后转动轻灵，毫不费力，如不能分，则迈步重滞，自立不稳，而易为人所牵动。

五、沉肩坠肘　沉肩者，肩松开下垂也，若不能松垂，两肩端起，则气亦随之而上，全身皆不得力矣。坠肘者，肘往下松坠之意，肘若悬起，则肩不能沉，放人不远，近于外家之断劲矣。

六、用意不用力　太极拳论云："此全是用意不用力"，练太极拳全身松开，不使有分毫之拙劲，以留滞于筋骨血脉之间，以自缚束，然后能轻灵变化，圆转自如。或疑不用力，何以能长力，盖人身之有经络，如地之有沟洫，沟洫不塞而水行，经络不闭而气通。如浑身僵劲，充满经络，气血停滞，转动不灵，牵一发而全身动矣。若不用力而用意，意之所至，气即至焉，如是气血流注，日日贯输，周流全身，无时停滞，久久练习，则得真正内劲，即太极拳论中所云:"极柔软，然后能极坚刚"也。太极功夫纯熟之人，臂膊如绵裹铁，份量极沉，练外家拳者，用力则显有力，不用力时，则甚轻浮，可见其力乃外劲浮面之劲也，外家之力，最易引动，不足尚也。

七、上下相随　上下相随者，即太极拳论中所云："其根在脚，发于腿，主宰于腰，形于手指，由脚而腿而腰，总须完整一气也。"手动腰动足动，眼神亦随之动，如是方可谓之上下相随，有一不动，即散乱也。

八、内外相合　太极拳所练在神，故云："神为主帅，身为驱使。"精神能提得起，自然举动轻灵。架子不外虚实开合，所谓开者，不但手足开，心意亦与之俱开，所谓合者，不但手足合，心意亦与之俱合，能内外合为一气，则浑然无间矣。

九、相连不断　外家拳术，其劲乃后天之拙劲，故有起有止，有续有断，旧力已尽，新力未生，此时最易为人所乘。太极用意不用力，自始至终，绵绵不断，周而复始，循环无穷，原论所谓“如长江大河，滔滔不绝”，又曰：“运劲如抽丝”，皆言其贯串一气也。

十、动中求静　外家拳术，以跳踯为能，用尽气力，故练习之后，无不喘气者。太极以静御动，虽动犹静，故练架子愈慢愈好，慢则呼吸深长，气沉丹田，自无血脉偾张之弊。学者细心体会，庶可得其意焉。

秘传内功太极修炼指南

及陈式太极拳83式